IFO-INSTITUT FÜR WIRTSCHAFTSFORSCHUNG

STRUKTUR UND WACHSTUM

REIHE INDUSTRIE

Heft 35

IFO-INSTITUT FÜR WIRTSCHAFTSFORSCHUNG

Strukturwandlungen und Entwicklungsperspektiven im Musikinstrumentenbau, in der Spielwaren- und Sportgeräteherstellung und in der Schmuckindustrie

Von

Michael Breitenacher

DUNCKER & HUMBLOT / BERLIN

CIP-Kurztitelaufnahme der Deutschen Bibliothek

Breitenacher, Michael:
Strukturwandlungen und Entwicklungsperspektiven im Musikinstrumentenbau, in der Spielwaren- und Sportgeräteherstellung und in der Schmuckindustrie / von Michael Breitenacher. Ifo-Inst. für Wirtschaftsforschung. — Berlin: Duncker und Humblot, 1984.
(Struktur und Wachstum: Reihe Industrie; H. 35)
ISBN 3-428-05566-7

NE: Struktur und Wachstum / Reihe Industrie

Gedruckt 1984 bei Werner Hildebrand, Berlin 65
Printed in German·

ISBN 3-428-05566-7

Vorwort

Das Ifo-Institut für Wirtschaftsforschung sieht eine seiner Hauptaufgaben darin, den strukturellen Umschichtungen innerhalb einer wachsenden Wirtschaft nachzugehen. Es hat deshalb die Schriftenreihe „Struktur und Wachstum" ins Leben gerufen.

In zwangloser Folge erscheinen Studien über den strukturellen Wandel und die sich daraus ergebenden Wachstumschancen dieser Bereiche. Die vorliegende „Reihe Industrie" vermittelt einen Einblick in Strukturwandlungen und deren Ursachen in wichtigen Industriegruppen der Bundesrepublik. Die Untersuchungen werden in den Branchenreferaten der Abteilung Industrie, die unter Leitung von Friedrich Otto Bonhoeffer steht, durchgeführt.

Mit der hier untersuchten Wirtschaftsgruppe, zu der die Herstellung von Musikinstrumenten, Spielwaren, Sportgeräten, Schmuck und Füllhaltern, die Verarbeitung von natürlichen Schnitz- und Formstoffen sowie die Foto- und Filmlabors zählen, befaßt sich das Ifo-Institut erstmals im Rahmen dieser Reihe. In der vorliegenden Studie werden schwergewichtig Stand und Entwicklung von Produktion und Produktionsfaktoren, die außenwirtschaftliche Verflechtung sowie die Entwicklungsperspektiven der Branche analysiert. Soweit es die Datenlage zuläßt, werden die Ergebnisse getrennt für die einzelnen Fachbereiche dargestellt.

Das Bundesministerium für Wirtschaft hat die Studie finanziell unterstützt.

München, im März 1983

Prof. Dr. Karl Heinrich Oppenländer

Präsident
des Ifo-Instituts für Wirtschaftsforschung,
München

Die vorliegende Untersuchung wird durch einen 250 Tabellen umfassenden Materialband ergänzt. Dieser enthält detaillierte Daten über Beschäftigung, Umsatz, Investitionen, Produktion und Außenhandel der einzelnen Produktbereiche der sieben untersuchten Fachzweige. Der Materialband ist unabdingbar notwendig für eine tiefergehende Analyse dieser Märkte. Er ist beim Ifo-Institut für Wirtschaftsforschung zum Preis von DM 120,— zu beziehen.

Inhaltsverzeichnis

Tabellenverzeichnis

Abbildungsverzeichnis

I. Problemstellung und Aufbau der Studie

1. Problemstellung

Bis Ende der siebziger Jahre befand sich die Wirtschaft der Bundesrepublik — nur unterbrochen von den Rezessionsjahren 1967 und 1975 — in einer Phase weitgehend kontinuierlichen Wachstums, wobei sich allerdings seit Mitte der siebziger Jahre die Wachstumsraten des realen Sozialprodukts erheblich vermindert haben. Die gesamtwirtschaftliche Expansion war mit steigenden Realeinkommen und sinkender Arbeitszeit[1] verbunden. Im Zuge dieser Entwicklung hat u.a. das Verbraucherverhalten eine Veränderung erfahren. Da die menschlichen Grundbedürfnisse (Lebensmittel und Kleidung) bereits in den fünfziger Jahren weitgehend gedeckt waren, hat sich die Nachfrage der privaten Haushalte mehr und mehr Gütern des gehobenen Bedarfs, insbesondere Kraftfahrzeugen, Elektrogeräten, Möbeln usw. zugewandt. Auch der Freizeitmarkt gehörte in den sechziger und siebziger Jahren zu den am stärksten expandierenden Märkten. Von diesen Wandlungen im Verbraucherverhalten profitierte auch ein relativ kleines Marktsegment, nämlich die Nachfrage nach Gütern der hier zu untersuchenden Wirtschaftsgruppe „Herstellung von Musikinstrumenten, Spielwaren, Sportgeräten, Schmuck, Füllhaltern; Verarbeitung von natürlichen Schnitz- und Formstoffen; Foto- und Filmlabors“[2]; sie nahm — wie noch zu zeigen sein wird — von Mitte der sechziger bis Anfang der achtziger Jahre etwa genau so schnell zu wie die gesamtwirtschaftliche Nachfrage (gemessen am Bruttoinlandsprodukt). Trotz dieser günstigen Nachfrageentwicklung waren die meisten Branchen der Herstellung von Musikinstrumenten, Spielwaren, Füllhaltern usw. in den vergangenen Jahren mit erheblichen Problemen struktureller, aber auch konjunktureller Art konfrontiert. Beispielhaft erwähnt sei an dieser Stelle das rasche Vordringen ausländischer Waren auf dem deutschen Markt; im Jahr 1981 belief sich die Importquote[3] auf fast 60 %, das heißt, über die Hälfte des Marktes wurde vom Ausland bedient. Dies hat natürlich erhebliche Strukturanpassungsprobleme bei jenen Unternehmen und Branchen hervorgerufen, die vom Importdruck besonders stark betroffen waren.

[1] In den letzten Jahren vor allem aufgrund sinkender Jahres- und Lebensarbeitszeit.

[2] Im folgenden wird für diese Wirtschaftsgruppe die Kurzbezeichnung „Herstellung von Musikinstrumenten, Spielwaren, Füllhaltern usw.“ verwendet.

[3] Einfuhren in % der Inlandsverfügbarkeit (= Produktion abzüglich Ausfuhr zuzüglich Einfuhr).

Daran hat auch die Tatsache nichts Entscheidendes geändert, daß die Wirtschaftsgruppe — insgesamt betrachtet — beachtliche Exporterfolge im Ausland erzielen konnte (die Exportquote[4] belief sich 1981 auf über 50%). Vielfach sind die von Importen bedrohten Unternehmen in Märkten tätig, in denen sie komparative Nachteile gegenüber Niedriglohnländern besitzen, das heißt, derartige Unternehmen sind kaum in der Lage, die Absatzverluste auf dem Inlandsmarkt durch erhöhte Exporte auszugleichen. Ein weiteres strukturelles Problem der Branche ist die starke Konzentration der Produktionsstätten auf wenige regionale Schwerpunkte. Bei strukturell oder auch konjunkturell bedingten Absatzrückgängen wirft diese regionale Konzentration — trotz der geringen quantitativen Bedeutung der Wirtschaftsgruppe für die gesamte Volkswirtschaft der Bundesrepublik Deutschland — erhebliche Probleme für die jeweiligen regionalen Arbeitsmärkte auf. Einen Hinweis auf das Ausmaß dieser Probleme gibt der Rückgang der Zahl der Arbeitnehmer um fast 20 000 zwischen 1965 und 1981; immerhin bot jedoch die gesamte Wirtschaftsgruppe im Jahr 1981 noch etwa 80 000 Arbeitnehmern[5] eine Beschäftigung.

In jüngster Zeit, also in den Jahren 1980, 1981 und 1982 war die Nachfrage nach den Erzeugnissen der Wirtschaftsgruppe rückläufig. In dieser Entwicklung spiegeln sich einerseits strukturelle Faktoren wider, wie Wandlungen in der Bevölkerungsstruktur (Geburtenrückgang), Sättigungserscheinungen auf speziellen Märkten sowie grundlegende Veränderungen im Verbraucherverhalten, die sich beispielsweise darin zeigen, daß der Verbraucher zunehmend „wählerischer" wird. Andererseits ist die Kaufzurückhaltung zu Anfang der achtziger Jahre auch konjunkturell bedingt gewesen, so daß es nicht ohne weiteres erlaubt ist, die Entwicklung in jüngster Zeit einfach in die Zukunft fortzuschreiben. Dennoch bleiben Zweifel, ob es der Wirtschaftsgruppe in Zukunft gelingen kann, wieder einen positiven Beitrag zum Arbeitsmarkt zu leisten, was angesichts der derzeitigen und auch auf mittlere Sicht zu erwartenden Beschäftigtenprobleme dringend erwünscht wäre.

Um die gestellten Fragen beantworten zu können, ist einmal zu klären, wie sich die Nachfrage nach Musikinstrumenten, Spielwaren, Füllhaltern usw. in den nächsten Jahren entwickeln wird. Zum anderen ist zu untersuchen, ob der Standort der Wirtschaftsgruppe in der Bundesrepublik gefährdet ist oder ob die deutschen Unternehmen Standortvorteile besitzen, die es ihnen erlauben, der ausländischen Konkurrenz wirkungsvoll zu begegnen.

---

[4] Ausfuhren in % der Produktion.

[5] Es sind sowohl die Arbeitnehmer in Industriebetrieben als auch im Handwerk berücksichtigt. Näheres zur Definition des Wirtschaftszweigs vgl. Kapitel II.1.

2. Aufbau der Studie

Die Beantwortung der aufgeworfenen Fragen erfordert eine eingehende Analyse sowohl der Produktions- als auch der Absatz- und Marktbedingungen der Wirtschaftsgruppe. Dabei interessiert nicht nur die gegenwärtige Situation, sondern auch die Veränderung in der Vergangenheit; nur eine eingehende Kenntnis der Vergangenheitsentwicklung erlaubt es nämlich, die Entwicklungsperspektiven einer Branche richtig einzuschätzen. Darüber hinaus sind die Besonderheiten der einzelnen Fachzweige herauszuarbeiten, da eine Durchschnittsbetrachtung der gesamten Wirtschaftsgruppe wichtige Probleme verdeckt; dies ist bei der hier vorgelegten Untersuchung besonders wichtig, da die Wirtschaftsgruppe — wie weiter unten noch gezeigt wird — äußerst heterogen ist. Allerdings läßt sich eine Analyse nach Fachzweigen nicht für alle Problemkreise durchführen, da zahlreiche statistischen Daten nur auf der Basis der Wirtschaftsgruppe verfügbar sind.

Die Studie wird sich in drei Teile untergliedern, nämlich in einen allgemeinen Teil, in einen Branchenteil und in einen Perspektivteil. Im allgemeinen Teil wird ein Überblick über die Wirtschaftsgruppe als Ganzes gegeben. Es werden die Bedeutung der Branche, Stand und Entwicklung von Produktion und Produktionsfaktoren, die Marktstruktur und der Wettbewerb sowie die außenwirtschaftliche Verflechtung angesprochen. In diesem Teil werden auch alle jene Daten gebracht, die nur auf der Ebene der Wirtschaftsgruppe vorliegen. Im Branchenteil wird für sieben Wirtschaftszweige (Branchen) schwergewichtig die Entwicklung des Angebots, der Nachfrage und des Außenhandels dargestellt. Dabei wird besonderes Gewicht auf die Herausarbeitung der Charakteristika der einzelnen Branchen gelegt. Der Perspektivteil befaßt sich schließlich mit den Zukunftschancen dieser Branchen.

II. Gesamtanalyse der Wirtschaftsgruppe

1. Abgrenzung der Wirtschaftsgruppe

Gemäß der Systematik der Wirtschaftszweige, Fassung für die Statistik im Produzierenden Gewerbe (SYPRO)[1] zählen zu der hier zu untersuchenden Wirtschaftsgruppe folgende Branchen (Wirtschaftszweige):

— Herstellung von Musikinstrumenten
— Herstellung von Spielwaren, Christbaumschmuck
— Herstellung von Turn- und Sportgeräten
— Herstellung von Gold- und Silberschmiedewaren (anderweitig nicht genannt)
— Herstellung von Schmuck aus Edelmetall oder Edelmetallplattierungen
— Herstellung von Phantasieschmuck
— Bearbeitung von Edel- und Schmucksteinen, Perlen, Perlmutter, Hartglas
— Herstellung von Münzen, Medaillen
— Herstellung von Füllhaltern u.ä., Stempeln; Verarbeitung von natürlichen Schnitz- und Formstoffen
— Foto- und Filmlabors.

Diese Abgrenzung der Wirtschaftsgruppe gilt erst seit der Neuordnung der Statistik des Produzierenden Gewerbes im Jahr 1976 (Einführung der SYPRO). Zuvor war die IB-Systematik (Systematisches Verzeichnis zum monatlichen Industriebericht) maßgebend; diese Systematik umfaßte nur die in der vorstehenden Aufzählung erwähnten ersten sieben Branchen, das heißt, die Wirtschaftszweige „Herstellung von Münzen, Medaillen", „Herstellung von Füllhaltern u.ä., Stempeln; Verarbeitung von Schnitz- und Formstoffen usw." sowie „Foto- und Filmlabors" zählten zu anderen Wirtschaftsgruppen (Abbildung 1). Aufgrund dieser Neuordnung der Statistik ergab sich grundsätzlich in sämtlichen statistischen Zeitreihen ein Bruch. Das Statistische Bundesamt hat jedoch einige Daten in der Abgrenzung der SYPRO bis 1970 zurückgerechnet. Sofern das Statistische Bundesamt diese Rückrechnung nicht vorgenommen hat, wurde im Laufe dieser Untersuchung versucht, wenigstens näherungsweise Datenreihen in einheitlicher

[1] Vgl. Statistisches Bundesamt, Systematische Verzeichnisse, Systematik der Wirtschaftszweige mit Erläuterungen, Ausgabe 1979.

Abgrenzung zu berechnen. Wo dies nicht möglich war, wurde in den Tabellen besonders auf den unterschiedlichen Inhalt der Daten hingewiesen. Wie bedeutsam die Überwindung dieser Brüche in den Zeitreihen ist, geht daraus hervor, daß sich der Anteil der drei „neuen" Wirtschaftszweige „Herstellung von Münzen, Medaillen", „Herstellung von Füllhaltern u.ä., Stempeln; Verarbeitung von Schnitz- und Formstoffen" sowie „Foto- und Filmlabors" am Umsatz der gesamten Wirtschaftsgruppe SYPRO Nr. 39 im Jahr 1976 auf fast 20 % belief.

Die Neuordnung der Statistik im Produzierenden Gewerbe, die als wesentliche Neuerung u.a. eine Ausdehnung der Berichterstattung auf das gesamte Produzierende Gewerbe brachte, hatte weitere Konsequenzen für die Untersuchung. Während bis 1975 in die deutsche Industriestatistik nur Industriebetriebe und -unternehmen einbezogen waren (und man das Handwerk für sich betrachtete[2]), wurden ab 1976 in der Statistik für das Produzierende Gewerbe auch Handwerksbetriebe erfaßt. Gleichzeitig mit dieser Umstellung wurden die Erfassungseinheit und -grenze geändert. Erstreckte sich der „alte" Industriebericht auf Industriebetriebe mit im allgemeinen 10 Beschäftigten und mehr (sogenanntes Betriebskonzept), so werden im Rahmen der SYPRO Betriebe *von Unternehmen* mit im allgemeinen 20 Beschäftigten und mehr (sogenanntes Unternehmenskonzept) erfaßt. Das quantitative Ausmaß dieser Umstellung hängt von zwei Tendenzen ab, die in gegenläufiger Richtung wirken: Die Umstellung in der Erfassungseinheit hat eine Ausweitung, jene in der Erfassungsgrenze eine Reduzierung des jeweiligen Merkmalsbetrags (z.B. Beschäftigte, Umsätze) zur Folge. Anhand der Zahl der Beschäftigten in Betrieben im Jahr 1976 in der gesamten Wirtschaftsgruppe (SYPRO Nr. 39) kann versucht werden, das quantitative Ausmaß dieser Umstellung zu beziffern. In Industriebetrieben mit 10 und mehr Beschäftigten betrug die Beschäftigtenzahl im Jahr 1976 62 124. In Betrieben von Unternehmen mit im allgemeinen 20 Beschäftigten und mehr (ohne Handwerk) waren 1976 59 254 Personen tätig, unter Einbeziehung des Handwerks 62 078. Man kann daher davon ausgehen, daß die Umstellung in der Erfassungseinheit und -grenze für die hier zu untersuchende Wirtschaftsgruppe — insgesamt betrachtet — keinen wesentlichen quantitativen Bruch in den statistischen Zeitreihen nach sich zog. Anders sieht es aus, wenn man die einzelnen Wirtschaftszweige betrachtet: Aufgrund der unterschiedlichen Größenstruktur der Branchen und des verschiedenartigen Gewichts des Handwerks sind in den Wirtschaftszweigen durchaus gravierende Brüche in den Zeitreihen zu erwarten.

---

[2] Dabei waren die statistischen Informationen über das Handwerk wesentlich geringer als jene über die Industrie.

Abbildung 1

Gegenüberstellung verschiedener Ausgaben der Systematik der Wirtschaftszweige und des systematischen Verzeichnisses zum monatlichen Industriebericht

Systematik der Wirtschaftszweige					Systematisches Verzeichnis zum monatl. Industriebericht (IB-Systematik)	
Ausgabe 1970		Ausgabe 1979		Fassung f.d.Statistik im Produzierend.Gewerbe (SYPRO)		
Nummer	Bezeichnung	Nummer	Bezeichnung[a)]	Nummer[b)]	Nummer	Bezeichnung[c)]
		257 bis 258	H.v.Musikinstrumenten, Spielwaren, Sportgeräten, Schmuck, Füllhaltern; Verarbeitung v.natürl.Schnitz- und Formstoffen; Foto- und Filmlabors	39		
25 8	H.v.Musikinstrumenten, Sportgeräten, Spiel- u.Schmuckwaren	258	H.v.Musikinstrumenten, Spielwaren, Sportgeräten, Schmuck u.ä.		39	Musikinstrumenten-, Spiel-, Schmuckwaren- u.Sportgeräte-industrie
25 80	Herstellung und Reparatur von Musikinstrumenten	258 1	H.v.Musikinstrumenten (ohne Rep. v.Musikinstrumenten, einschl.H.v. elektromagnet.u.ä.Musikinstrum.)	3911	3910	Klavier-, Harmonium- und Orgelbau
					3920	Kleinmusikinstrumentenind.
25 83	Herstellung von Spielwaren und Christbaumschmuck	258 3	H.v.Spielwaren, Christbaumschm. (ohne Reparatur v.Spielwaren)	3931	3930	Spielwarenindustrie (einschl H.v.Christbaumschmuck)
25 86	H.v.Turn- und Sportgeräten	258 6	H.v.Turn- und Sportgeräten	3940	3940	Turn- u.Sportgeräte-Industrie
25 89 5	H.v.Schmuckwaren und schmuckähnlichen Erzeugnissen	258 93	H.v.Gold- und Silberschmiedewaren, a.n.g.	3951		
		258 95	H.v.Schmuck aus Edelmetall oder Edelmetallplattierungen	3954	3950	Schmuckwarenindustrie (einschl. H.v.Gedenkmünzen u.Medaillen m.Schmuckcharakter, Teil aus 3970) einschl.Reparatur v.Schmuck)
		258 97	H.v.Phantasieschmuck (ohne H.v.Gedenkmünzen u.Medaillen m.Schmuckcharakter, s.258 99 ohne Rep.v.Schmuck-, Gold- und Silberschmiedewaren)			

25 89 0	Bearbeitung v.Edel- und Schmucksteinen, Perlen, Perlmutter und Hartglas	258 91	Bearbeitung v.Edel- und Schmucksteinen, Perlen, Perlmutter, Hartglas	3960	3960	Edelsteinindustrie
Teil aus 25 68 5	H.v.Metallkurzwaren usw.	258 99	H.v.Münzen, Medaillen (einschl.H.v.Gedenkmünzen und Medaillen m.Schmuckcharakter, einschl.H.v.Münzen u.Medaillen ohne Schmuckcharakter)	3970	Teil aus 3887	Metallkurzwarenindustrie
Teil aus 25 89 5	H.v.Schmuckwaren usw.					
		257	H.v.Füllhaltern u.ä., Stempeln; Verarbeitg.f.natürl.Schnitz- und Formstoffen; Foto- u.Filmlabors			
25 68 3	H.v.Füllhaltern u.Kugelschreibern	257 1	H.v.Füllhaltern, Kugelschreibern u.ä.		3888	Füllhalter- und Kugelschreiberindustrie
Teil aus 25 68 9	H.v.sonst.Metallwaren	257 3	H.v.Stempeln, Flexklischees, Siegeln	3980		
Teil aus 26 84	Druckerei u.Vervielfältigung					
Teil aus 25 25 26 18	H.v.feinmechan.Erzeugnissen Verarb.v.natürl.Schnitz-u.Formstoff.	257 5	Verarbeitg.v.natürl.Schnitz- und Formstoffen			
Teil aus 26 84 70 73 4	Druckerei und Vervielfältigung Filmentwicklung und -kopie	257 7	Foto- und Filmlabors	3990		

a) Die ergänzend angeführten Anmerkungen in Klammern weisen auf Unterschiede zur Systematik der Wirtschaftszweige, Ausgabe 1970, hin. - b) Die Bezeichnung stimmt mit derjenigen für die Systematik der Wirtschaftszweige, Ausgabe 1979, überein. - c) Die ergänzend angeführten Anmerkungen in Klammern weisen auf Unterschiede zur Systematik der Wirtschaftszweige, Ausgabe 1979, hin.

Quelle: Statistisches Bundesamt, Systematische Verzeichnisse, Systematik der Wirtschaftszweige mit Erläuterungen, Ausgabe 1979; Fachserie 4, Reihe 4.1.1; Fachserie D, Reihe 1.

2. Bedeutung der Wirtschaftsgruppe

a) Stellung und Entwicklung innerhalb der Gesamtwirtschaft und des Verarbeitenden Gewerbes

aa) Anteil an der Gesamtproduktion

Die Herstellung von Musikinstrumenten, Spielwaren, Füllhaltern usw. gehört mit einem Anteil von 0,6 % (1981) am Nettoproduktionswert zu den kleineren Wirtschaftsgruppen des Verarbeitenden Gewerbes in der Bundesrepublik. Es gibt nur wenige Bereiche, die einen noch geringeren Anteil haben; dies sind die Feinkeramik, die Ledererzeugung und -verarbeitung, der Schiffbau, die Schmieden, die Ziehereien und Kaltwalzwerke sowie die Holzbearbeitung.

Das Gewicht der Herstellung von Musikinstrumenten, Spielwaren, Füllhaltern usw. innerhalb des Verarbeitenden Gewerbes hat sich bis Mitte der siebziger Jahre erheblich vermindert, und zwar sowohl gemessen am preisbereinigten Nettoproduktionswert als auch an der preisbereinigten Bruttowertschöpfung. Auch im Verhältnis zum gesamten realen Bruttoinlandsprodukt zeigt sich bis 1974 ein Bedeutungsverlust der Herstellung von Musikinstrumenten, Spielwaren, Füllhaltern usw. (Tabelle 1 und Abbildung 2). Nachdem sich die relative Bedeutung der Wirtschaftsgruppe zwischen Mitte der siebziger Jahre und 1977/78 erhöhte, sank sie in den folgenden Jahren wieder deutlich. Betrachtet man die langfristige Entwicklung, so kann man feststellen, daß die Herstellung von Musikinstrumenten, Spielwaren, Füllhaltern usw. innerhalb der Gesamtwirtschaft und des Verarbeitenden Gewerbes tendenziell an Gewicht verliert. Daran dürfte auch die Tatsache nichts ändern, daß die Wirtschaftsgruppe im Jahre 1982 ihren Anteil am Nettoproduktionswert des Verarbeitenden Gewerbes leicht erhöhen konnte.

Legt man der Betrachtung nicht die realen Produktionswerte, sondern die nominale Bruttowertschöpfung zugrunde und berechnet die entsprechenden Anteile an der Bruttowertschöpfung des Verarbeitenden Gewerbes und am Bruttoinlandsprodukt, so zeigt sich, daß die nominalen Anteile weniger stark zurückgegangen sind als die realen Anteile (Abbildung 2). Dies bedeutet, daß es den Herstellern von Musikinstrumenten, Spielwaren, Füllhaltern usw. in der Vergangenheit gelungen ist, preislich mehr aus dem Markt „herauszuholen“ als es der mengenmäßigen Entwicklung entsprochen hätte. Den Herstellern kamen dabei vor allem die besonderen Eigenschaften des Marktes zugute. So gab es beispielsweise in der Sportartikelbranche und teilweise auch im Musikinstrumenten- und Spielwarenbereich immer wieder neue „Modewellen“ und die Innovationsrate war zeitweise relativ hoch; dies erlaubte den Produzenten, vor allem in der Markteinführungsphase verhält-

Abb. 2

Produktionsanteil der Herstellung von Musikinstrumenten, Spielwaren, Füllhaltern usw.

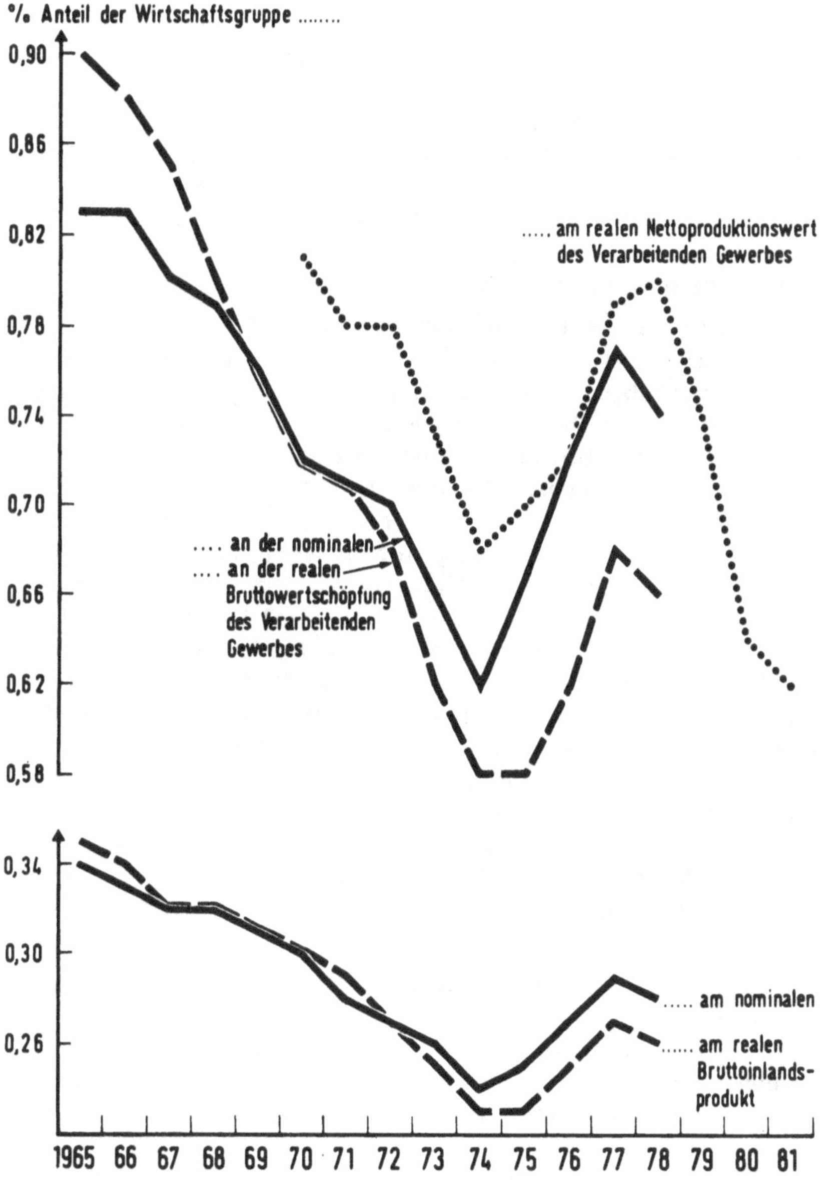

Quelle: Statistisches Bundesamt; Berechnungen des Ifo-Instituts.

IFO-INSTITUT für Wirtschaftsforschung München 545/83 ifo

nismäßig hohe Preise und damit Pioniergewinne zu erzielen. In der Schmuckbranche gelang dies insbesondere aufgrund der hohen Wertschätzung, den der Schmuck in weiten Kreisen der Bevölkerung immer noch genießt.

bb) Anteil an den Gesamtbeschäftigten

Die Herstellung von Musikinstrumenten, Spielwaren, Füllhaltern usw. zählte im Jahr 1981 etwa 90 000 Erwerbstätige[3]. Damit sind gegenwärtig in der Wirtschaftsgruppe rund 0,4 % sämtlicher in der Bundesrepublik Erwerbstätigen beschäftigt, d. h. jeder 250. Erwerbstätige arbeitet in der Branche. Von jenen Beschäftigten, die im Verarbeitenden Gewerbe Arbeit finden, entfällt auf die Branche etwa 1 %.

Der Beschäftigtenanteil der Herstellung von Musikinstrumenten, Spielwaren, Füllhaltern usw. unterlag in der Vergangenheit äußerst starken Schwankungen (Tabelle 2 und Abbildung 3). Dabei zeigte sich, daß sich die Unternehmen der betrachteten Branche in der zweiten Hälfte der sechziger Jahre bei der Nachfrage nach Arbeitskräften antizyklisch verhielten: Sie reduzierten in der Rezession, die 1967 ihren Höhepunkt erreichte, ihre Nachfrage nach Arbeitskräften nur wenig, so daß der entsprechende Beschäftigungsanteil verhältnismäßig hoch lag. Demgegenüber schwankten die Beschäftigtenanteile der Herstellung von Musikinstrumenten, Spielwaren, Füllhaltern usw. in den siebziger Jahren prozyklisch, das heißt, sie stiegen im Aufschwung und sanken im Abschwung. So hat die Wirtschaftsgruppe in den Aufschwungjahren 1976 bis 1978 die Belegschaft — relativ gesehen — stärker erhöht als der Durchschnitt des Verarbeitenden Gewerbes beziehungsweise sämtlicher Wirtschaftsbereiche. Folglich sind in diesen Jahren die Beschäftigtenanteile gestiegen. Im Gegensatz dazu hat die Branche in den Rezessionsjahren 1975 und 1981 die Belegschaft vergleichsweise stark abgebaut; sie hat somit neuerdings zur Verschärfung der Probleme auf dem Arbeitsmarkt beigetragen. Dies um so mehr, als die Branche — wie noch zu zeigen sein wird (vgl. Kapitel II.b) — auf einige Regionen sehr stark konzentriert ist.

Die Herstellung von Musikinstrumenten, Spielwaren, Füllhaltern usw. bietet vor allem Arbeitsplätze in kleineren und mittleren Unternehmen. Dies zeigt sich darin, daß der Anteil der Branche an den Erwerbstätigen sämtlicher Unternehmen des Verarbeitenden Gewerbes höher ist als der Anteil an den Erwerbstätigen in Betrieben von Unternehmen mit 20 Beschäftigten und

[3] Dazu zählen Selbständige, mithelfende Familienangehörige und beschäftigte Arbeitnehmer. Häufig wird für Erwerbstätige in dieser Abgrenzung auch der Ausdruck „Beschäftigte" verwendet. Nicht mit einbezogen sind etwa 13.000 Heimarbeiter.

Abb.3

Beschäftigtenanteil der Herstellung von Musikinstrumenten, Spielwaren, Füllhaltern usw.

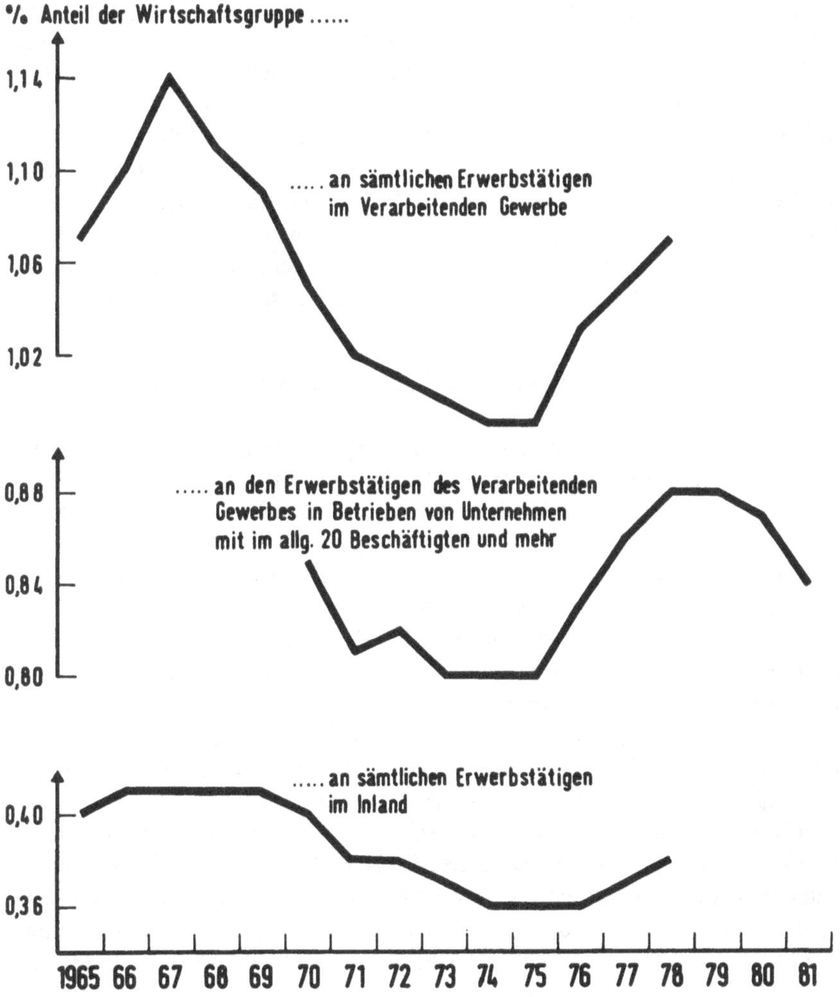

Quelle: Statistisches Bundesamt; Berechnungen des Ifo-Instituts.

IFO-INSTITUT für Wirtschaftsforschung München 546/83

mehr (Tabelle 2). In diesen unterschiedlichen Beschäftigtenanteilen kommt vor allem die relativ große Bedeutung des *Handwerks* in der Herstellung von Musikinstrumenten, Spielwaren, Füllhaltern usw. zum Ausdruck. Auf diesen Punkt wird weiter unten noch näher eingegangen (Kapitel II.c).

Wegen des im allgemeinen relativ niedrigen Arbeitsplatzrisikos werden Arbeitsplätze in kleinen und mittleren Unternehmen und vor allem im Handwerk in unserer Wirtschaftsordnung als positiv beurteilt. Dieser Gesichtspunkt ist daher bei einer Gesamtbeurteilung der „Arbeitgeberfunktion" der Herstellung von Musikinstrumenten, Spielwaren, Füllhaltern usw. unbedingt zu berücksichtigen. Aus der Tatsache, daß der Anteil der Wirtschaftsgruppe an den Gesamtbeschäftigten in der Bundesrepublik relativ niedrig ist und die Arbeitsplätze neuerdings einem erhöhten Beschäftigungsrisiko ausgesetzt sind, kann nicht in allen Fällen auf eine unterdurchschnittliche „Qualität" der Arbeitsplätze geschlossen werden.

cc) Anteil am gesamten Bruttoanlagevermögen

Die Herstellung von Musikinstrumenten, Spielwaren, Füllhaltern usw. ist eine Branche, in der der Produktionsfaktor Kapital eine verhältnismäßig geringe Bedeutung hat. Der Realkapitaleinsatz, gemessen am Bruttoanlagevermögen in Preisen von 1976, belief sich im Jahr 1981 auf 3,5 Mrd. DM. Dies entsprach einem Anteil von 0,5 % am Bruttoanlagevermögen des gesamten Verarbeitenden Gewerbes. Dieser Anteilssatz lag damit niedriger als die entsprechenden Anteilssätze für die Bruttowertschöpfung (fast 0,7 %) und die Erwerbstätigen (gut 0,8 %). Allerdings hat sich in der Branche der Kapitaleinsatz im Untersuchungszeitraum überdurchschnittlich erhöht; in dieser Entwicklung spiegeln sich nicht nur die Anstrengungen der Unternehmen wider, den Mechanisierungs- und Automatisierungsgrad des Produktionsprozesses zu erhöhen. Hinzu kommt, daß vor allem wenig kapitalintensive Betriebe von Importen verdrängt wurden, während sich hoch mechanisierte und automatisierte Betriebe besser behaupten konnten. Bei der Beurteilung des relativ starken Anstiegs des Realkapitaleinsatzes ist auch zu berücksichtigen, daß das Ausgangsniveau zu Mitte der sechziger Jahre äußerst niedrig war. Unter Ausschaltung von Abgrenzungsänderungen dürfte der Anteil der Branche am Realkapital des Verarbeitenden Gewerbes im Jahr 1965 bei gut 0,3 % gelegen haben und stieg dann mehr oder weniger kontinuierlich auf 0,5 % im Jahr 1981 an (Tabelle 3).

b) Regionale Verteilung

Die Herstellung von Musikinstrumenten, Spielwaren, Füllhaltern usw. ist in hohem Maße auf die Bundesländer Baden-Württemberg und Bayern konzentriert. Betrachtet man die Betriebe von Unternehmen mit 20 und mehr Beschäftigten, so waren im Jahr 1978 in Baden-Württemberg jeweils über ein Drittel der Betriebe und Beschäftigten der gesamten Branche ansässig, während die entsprechenden Anteilswerte für Bayern bei jeweils einem knappen Drittel lagen (Tabelle 4)[4]. Weitere bedeutende Kapazitäten für die Herstellung von Musikinstrumenten, Spielwaren, Füllhaltern usw. befinden sich in Nordrhein-Westfalen, in Hessen, in Niedersachsen sowie in Rheinland-Pfalz. Im letztgenannten Bundesland dominieren — gemessen am Durchschnitt der Branche — die kleineren Betriebe. Dies läßt sich zum einen daraus ersehen, daß beispielsweise im Jahr 1978 der Beschäftigtenanteil mit 3,8 % wesentlich unter dem Anteil an den Betrieben (6,9 %) lag. Zum anderen war der Anteil von Rheinland-Pfalz sowohl bei den Betrieben als auch bei den Beschäftigten in den Jahren 1966, 1970 und 1974 wesentlich höher als im Jahr 1978, in dem die Abschneidegrenze hinsichtlich der Betriebsgröße höher angesetzt war.

Die Herstellung von Musikinstrumenten, Spielwaren, Füllhaltern usw. weist mehrere örtliche Schwerpunkte auf, in denen die Branche vielfach einen erheblichen Teil der gesamten Erwerbsbevölkerung beschäftigt. In Baden-Württemberg sind dies vor allem der Stadtkreis Pforzheim und der Landkreis Enzkreis, die zahlreiche Betriebe der Schmuckindustrie beherbergen. Allein im Stadtkreis Pforzheim stellen die Beschäftigten der Branche fast ein Drittel sämtlicher Beschäftigten des Verarbeitenden Gewerbes. Weitere regionale Schwerpunkte in Baden-Württemberg sind die Landkreise Göppingen und Freudenstadt, der Schwarzwald-Baar-Kreis sowie die Stadtkreis Stuttgart; in diesen Gebieten dominieren vor allem die Betriebe der Spielwarenindustrie sowie der Musikinstrumentenindustrie. In Bayern liegen die Schwerpunkte der Branche einerseits im Norden des Bundeslandes, und zwar im Raum Nürnberg-Fürth sowie im Raum Coburg. In diesen Gebieten sind in erster Linie Hersteller der Spielwarenindustrie, aber auch solche der Musikinstrumentenindustrie, tätig. Im Süden Bayerns sind als Schwerpunkte die Städte München und Kaufbeuren zu nennen. Während in München die Sportartikelindustrie überwiegt, ist es in Kaufbeuren die Modeschmuckbranche, die nach dem Zweiten Weltkrieg in dem Ortsteil Neu-Gablonz eine neue Heimat gefunden hat.

Außer den genannten Schwerpunkten in Baden-Württemberg und Bayern sind — gemessen an den absoluten Beschäftigtenzahlen — noch zwei weitere

[4] Würde man auch die Betriebe kleinerer Unternehmen sowie die Handwerksbetriebe in die Betrachtung einbeziehen, so würde der Anteil Baden-Württembergs, insbesondere bei den Beschäftigten, noch höher liegen, da in diesem Bundesland zahlreiche Kleinstbetriebe beheimatet sind. Die vorstehende Aussage wird dadurch unterstrichen, daß in den Jahren 1966, 1970 und 1974, als in der Industriestatistik noch Betriebe mit 10 Beschäftigten und mehr erfaßt wurden, der Anteil Baden-Württembergs signifikant größer war als im Jahr 1978 (Tabelle 4).

regionale Schwerpunkte zu verzeichnen: In Rheinland-Pfalz ist dies der Landkreis Birkenfeld (bekanntester Ort: Idar-Oberstein), der durch die Herstellung von Schmuckwaren sowie die Bearbeitung von Edel- und Schmucksteinen geprägt ist; die Beschäftigten dieses Bereichs stellen etwa 30 % sämtlicher Arbeitnehmer des Verarbeitenden Gewerbes in diesem Landkreis. Ein weiteres Zentrum der Herstellung von Musikinstrumenten, Spielwaren, Füllhaltern usw. ist Hamburg.

Es liegt auf der Hand, daß die Bedeutung der zu untersuchenden Branche als Arbeitgeber um so größer ist, je kleiner die Wirtschaftskraft der betrachteten Region ist. So beläuft sich in den aufgeführten regionalen, vorwiegend mittelständisch geprägten Schwerpunkten der Anteil der Herstellung von Musikinstrumenten, Spielwaren, Füllhaltern usw. an den Beschäftigten des gesamten Verarbeitenden Gewerbes auf häufig 10 % mit Spitzensätzen von — wie erwähnt — 30 %. In den Großstädten liegt dagegen dieser Anteilssatz selten über 1 bis 2 %, wobei er in Hamburg am oberen Rand dieser Spanne liegen dürfte.

Betrachtet man die Bedeutung der Branche als Arbeitgeber auf Länderebene, so stellte sie 1978 — abgesehen von Hamburg — vor allem in Baden-Württemberg und in Bayern mit 1,7 % und 1,5 % einen nicht zu vernachlässigenden Teil der Arbeitsplätze des Verarbeitenden Gewerbes. Dabei geben diese Zahlen wegen der hohen Abschneidegrenze der Statistik im produzierenden Gewerbe die tatsächliche Bedeutung der Branche zu niedrig an; ein Vergleich der 1978er Anteilswerte mit denen für 1974, in denen eine erheblich größere Zahl kleinerer Betriebe enthalten ist, untermauert diese Aussage (Tabelle 5). In den sonstigen Bundesländern ist das Gewicht der Herstellung von Musikinstrumenten, Spielwaren, Füllhaltern usw. — gemessen an den Beschäftigten — relativ gering.

Die unterschiedliche Bedeutung der Branche in den einzelnen Bundesländern wirft die Frage auf, welche Faktoren die Standortwahl der Unternehmen bestimmen. Obwohl die hier zu untersuchende Branche — betrachtet man die Erzeugnisse — relativ heterogen ist, so kommen doch nur einige wenige Faktoren in Betracht. Die wichtigsten Faktoren scheinen die Verfügbarkeit an geeigneten Rohstoffen und die zu ihrer Verarbeitung erforderlichen Arbeitskräfte zu sein. Man hat jedoch diese Faktoren nicht nur gegenwartsbezogen zu sehen, vielmehr spielt hier die historische Komponente eine große Rolle, und zwar in dem Sinn, daß ursprünglich insbesondere die Herstellung von Musikinstrumenten, Schmuckwaren, Spielwaren und Christbaumschmuck an jenen Orten ansässig wurde, an denen die beiden genannten Faktoren gleichzeitig vorhanden waren. Da sich diese Orte vielfach außerhalb der industriellen Ballungszentren befanden, war die Branche als Ganzes betrachtet von jeher in ländlichen Gebieten relativ stark vertreten. Im Jahr 1974 verteilten sich die Beschäftigten der Herstellung von

Musikinstrumenten, Spielwaren, Füllhaltern usw. zu 63 % auf Kreise und zu 37 % auf kreisfreie Städte (Tabelle 6). Für das gesamte Verarbeitende Gewerbe belief sich das entsprechende Verhältnis auf rund 54 % zu 46 %[5]. An der Bevorzugung ländlicher Standorte hat sich auch nichts geändert, als im Laufe der Jahre der Standortfaktor Rohstoff an Bedeutung verloren hat. So ist beispielsweise nach wie vor der Raum Idar-Oberstein ein Zentrum der deutschen Schmuckwarenherstellung, obwohl in der Umgebung dieses Ortes schon seit langer Zeit kaum noch Edelsteine gefunden werden.

Seit jeher spielte auch die jeweilige regionale Arbeitsmarktsituation für die Standortwahl der Branche eine große Rolle. So mußten beispielsweise früher in armen landwirtschaftlichen Gebieten die Bauern im Winter dazu verdienen, was zur Entstehung des Schnitzer- und Spielwarengewerbes führte. Auch in der Nachkriegszeit hatte der Faktor Arbeitskräfte für die Standortwahl große Bedeutung. Aufgrund der relativ arbeitsintensiven Fertigungsweise war nämlich die Herstellung von Musikinstrumenten, Spielwaren, Füllhaltern usw. in der Nachkriegszeit von Lohnkostensteigerungen in überdurchschnittlichem Maße betroffen. Die Branche war daher gezwungen, vor allem an solchen Orten zu produzieren, wo die Arbeitskraft noch verhältnismäßig billig war. Dies war bevorzugt in ländlichen Gebieten der Fall. Dementsprechend war in der Vergangenheit eine Tendenz zur Produktion in diesen Gebieten zu verzeichnen. Für die Jahre 1966 bis 1974 läßt sich diese Tendenz auch statistisch nachweisen; während 1966 erst gut 58 % der Beschäftigten der Branche in Betrieben tätig waren, die ihren Standort in Kreisen hatten, waren es 1974 bereits 63 % (Tabelle 6)[6].

c) Bedeutung des Handwerks

Die Herstellung von Musikinstrumenten, Spielwaren, Füllhaltern usw. ist — wie bereits erwähnt — durch einen hohen Anteil der handwerklichen Fertigung gekennzeichnet. Dieser belief sich im Jahr 1976[7] — gemessen an den Umsätzen und an den Beschäftigten — auf über 12 % beziehungsweise über 16 %. Damit hat das Handwerk in der Herstellung von Musikinstrumenten, Spielwaren, Füllhaltern usw. eine größere Bedeutung als im Durchschnitt des Verarbeitenden Gewerbes; dort erreichten die entsprechenden Anteilswerte 1976 10,3 % beziehungsweise 15,7 %.

Innerhalb der einzelnen Fachzweige der zu untersuchenden Wirtschaftsgruppe ist die Bedeutung des Handwerks höchst unterschiedlich. Sie ist dort

---

[5] Für das Jahr 1978 liegt die Zahl der Beschäftigten für sämtliche Kreise und kreisfreie Städte nicht vor.

[6] Die Zahlen für 1978 sind mit denen für 1974 — wegen Umstellung in der Statistik — nicht vergleichbar.

[7] 1976 ist das letzte Jahr, für das detaillierte Zahlen über das Handwerk vorliegen.

am größten, wo sehr kleine Produktmärkte vorliegen und/oder individuelle Gestaltung verlangt wird, also in der Herstellung von Gold- und Silberschmiedewaren, wie Kultgeräten und ähnlichem, wo fast 94 % der gesamten Produktion auf das Handwerk entfallen. Auch absolut gesehen, das heißt, gemessen sowohl an der Zahl der Unternehmen und Beschäftigten als auch am Umsatz, hat dieser Fachzweig die größte handwerkliche Produktion der gesamten Wirtschaftsgruppe aufzuweisen (Tabellen A1 bis A3)[8]. Einen bedeutenden Marktanteil haben handwerkliche Produkte auch in der Herstellung von Musikinstrumenten (Tabelle 7); vor allem Großmusikinstrumente, und hier wiederum Orgeln, werden auch heute noch in erster Linie in Handarbeit hergestellt. Eine nicht zu vernachlässigende Rolle spielen die Handwerksprodukte auch bei der Herstellung von Füllhaltern und Stempeln, bei der Verarbeitung von Schnitz- und Formstoffen, in Foto- und Filmlabors sowie in der Herstellung von Schmuckwaren. Demgegenüber werden Spielwaren sowie Turn- und Sportgeräte überwiegend industriell hergestellt. Dies ist nicht weiter überraschend, haben sich doch zahlreiche Produkte, die auf diesen Märkten angeboten werden, immer stärker zu Massenprodukten entwickelt, wodurch sie mehr und mehr industriellen Fertigungsverfahren zugänglich wurden. Vorwiegend diese Gründe waren es auch, die die Bedeutung des Handwerks als Produzent von Musikinstrumenten, Spielwaren, Turn- und Sportgeräten sowie Schmuckwaren im Untersuchungszeitrum sinken ließen (Tabelle 7). Mit ausgelöst wurde diese Entwicklung nicht zuletzt durch den zunehmenden Wettbewerbsdruck seitens ausländischer Anbieter aus Niedriglohnländern. Die deutschen Hersteller mußten somit, wollten sie angesichts der hohen Löhne in der Bundesrepublik konkurrenzfähig bleiben, entweder den Fertigungsprozeß rationalisieren oder auf höherwertige Produkte ausweichen (die dann durchaus handwerklich gefertigt werden können). Zahlreiche Unternehmen der zu untersuchenden Branche schafften diesen Umstellungsprozeß nicht; dies gilt vor allem für die handwerklichen Unternehmen. Während nämlich — betrachtet man nur die Herstellung von Musikinstrumenten, Spielwaren, Sportgeräten und Schmuckwaren — die Zahl der industriellen Unternehmen von 1967 auf 1976 von 2 143 auf 1 891 zurückging, sank die Zahl der handwerklichen Unternehmen von 4 003 auf 2 882 (Tabelle A1).

[8] Tabellen mit der Bezeichnung A befinden sich im Materialband (250 Tabellen). Dieser ist zu beziehen beim Ifo-Institut für Wirtschaftsforschung zum Preis von DM 80,—.

3. Stand und Entwicklung von Produktion und Produktionsfaktoren

a) Produktion

aa) Bruttoproduktion und Umsatz

Der Gesamtumsatz[9] der Unternehmen der Herstellung von Musikinstrumenten, Spiel-, Schmuckwaren und Sportgeräten (also in der Abgrenzung nach der IB-Systematik Nr. 39) ist im Zeitraum 1965 bis 1980 von 1 953 Mill. DM auf 4 824 Mill. DM gestiegen (Tabelle A4). Zwar sind diese beiden Daten wegen Umstellungen in der Erfassungseinheit und -grenze nicht voll vergleichbar; gleichwohl kann man davon ausgehen, daß die nominalen Umsätze in dem genannten Zeitraum pro Jahr um etwa 6 % zugenommen haben. Dabei ist allerdings zu berücksichtigen, daß in dieser Wachstumsrate ein erheblicher Anstieg der Erzeugerpreise enthalten ist. Diese sind im Zeitraum 1968/80[10] pro Jahr um durchschnittlich gut 7 % gestiegen. Da im gleichen Zeitraum auch die nominalen Umsätze in etwa diese Wachstumsrate erreichten, kann man davon ausgehen, daß die realen Umsätze der hier betrachteten Branche im Untersuchungszeitraum der Tendenz nach — also abgesehen von konjunkturellen Schwankungen — stagnierten. (Dieses Ergebnis wird im folgenden Kapitel auch anhand der Analyse des Index der Nettoproduktion bestätigt werden.) Wie nicht anders zu erwarten, entfällt der weitaus überwiegende Teil des Umsatzes auf eigene Erzeugnisse und eigene industrielle oder handwerkliche Dienstleistungen; im Jahre 1980 waren es im Durchschnitt der Wirtschaftsgruppe fast 90 %[11]. Der Rest des Umsatzes wird mit Handelsware (9,6 %) oder aus sonstigen nichtindustriellen/nichthandwerklichen Tätigkeiten (0,6 %) erzielt. Der Anteil des Umsatzes aus eigenen Erzeugnissen und Leistungen am Gesamtumsatz war in der Vergangenheit der Tendenz nach rückläufig (Tabellen A4 und A8); dies deutet darauf hin, daß die Unternehmen einen wachsenden Teil ihres Umsatzes mit Handelsware tätigen. Dabei dürfte es sich einerseits um Zukäufe von anderen inländischen Erzeugern zur Ergänzung und Erweiterung des Sortiments handeln. Zum anderen „stecken" in der Handelsware zunehmend importierte Produkte, und zwar solche, die die inländischen Produzenten nicht mehr wettbewerbsfähig herstellen können. Eine besonders große Bedeutung dürfte derartigen Importen in der Herstellung von Turn- und

---

[9] Zum Gesamtumsatz zählt der Umsatz aus eigenen Erzeugnissen und Dienstleistungen, aus Handelsware und aus sonstigen Tätigkeiten.

[10] In einheitlicher Abgrenzung liegt der Index der Erzeugerpreise auf der Basis 1976 = 100 nur bis 1968 zurück vor.

[11] Quelle: Statistisches Bundesamt, Fachserie 4 (Produzierendes Gewerbe), Reihe 4.3.3 (Kostenstruktur der Unternehmen im Verbrauchsgüter produzierenden Gewerbe und im Nahrungs- und Genußmittelgewerbe).

Sportgeräten (Anteil der Handelsware am Umsatz: 25 %) sowie in der Herstellung von Füllhaltern, Verarbeitung von Schnitz- und Formstoffen usw. (Anteil der Handelsware am Umsatz: 17 %) zukommen.

Korrigiert man den nominalen Gesamtumsatz um die Bestandsänderung an unfertigen und fertigen Erzeugnissen und zählt die selbsterstellten Anlagen hinzu, so erhält man den Bruttoproduktionswert. Wie der Vergleich der Entwicklung von Umsatz und Bruttoproduktionswert zeigt, haben seit 1975 beide Größen mit etwa derselben Rate zugenommen (Tabelle 8). Dabei waren in einzelnen Jahren durchaus Unterschiede im Wachstum festzustellen, die vorwiegend durch Bestandsänderungen an unfertigen und fertigen Erzeugnissen bedingt waren. Diese Bestandsänderungen sind in engem Zusammenhang mit der konjunkturellen Entwicklung zu sehen. So wurden in der Zeit des Konjunkturtiefpunkts (1975) und der beginnenden Erholung (1976) die Bestände abgebaut bzw. kaum erhöht, und zwar wegen recht vorsichtiger Dispositionen der Unternehmen. Mit sich verfestigender konjunktureller Erholung gingen dann die Unternehmen dazu über, ihre Lagerbestände kräftig aufzustocken (1977 und 1978); der weitere Lageraufbau in den Jahren 1979 und 1980 war teils „unfreiwillig" aufgrund eines erheblichen Rückgangs der Nachfrage.

Grundsätzlich spielen Lagerbewegungen in der Herstellung von Musikinstrumenten, Spielwaren, Füllhaltern usw. — als Ganzes betrachtet — keine größere Rolle als im übrigen Verarbeitenden Gewerbe. Dies läßt sich daraus ersehen, daß der Anteil der Lagerbestände an unfertigen und fertigen Erzeugnissen aus eigener Produktion am Umsatz sowohl in der zu untersuchenden Wirtschaftsgruppe als auch im gesamten Verarbeitenden Gewerbe bei etwa 11 % (1979) liegt. Allerdings bestehen innerhalb der Wirtschaftsgruppe gravierende Unterschiede. Weit überdurchschnittlich hoch waren 1979 die Lagerbestände in der Herstellung von Musikinstrumenten sowie von Schmuck aus Edelmetall oder -plattierungen (Tabelle 9). Dies hängt in der Herstellung von Musikinstrumenten mit den teilweise recht langen Produktionszeiten zusammen; man denke in diesem Zusammenhang nur an den Klavier- und Orgelbau. Die hohen Lagerbestände bei den Herstellern von Schmuck aus Edelmetall oder -plattierungen erklären sich vor allem aus dem hohen Warenwert der einzelnen Stücke.

bb) Nettoproduktion

Der Index der Nettoproduktion der Herstellung von Musikinstrumenten, Spielwaren, Füllhaltern usw., der ein Indikator für die Entwicklung der realen Produktion der Wirtschaftsgruppe ist, zeigt zwischen 1965 und 1981 einen Rückgang von etwa 3 % an. Allerdings ist der Wert des Jahres 1981 aus konjunkturellen Gründen nach unten verzerrt. Legt man daher der Betrachtung den langfristigen Trend zugrunde, so ist für den Untersuchungszeitraum eine Stagnation in der Produktion festzustellen.

Betrachtet man dagegen die Entwicklung Jahr für Jahr, so zeigen sich erhebliche Schwankungen in der Produktion. Vor allem in den Rezessionsjahren 1967, 1974/75 und 1980/81 waren tiefe Einbrüche in der Produktion festzustellen (Abbildung 4). Diese Einbrüche waren erheblich ausgeprägter als im Durchschnitt des Verarbeitenden Gewerbes. Dies dürfte einmal damit zusammenhängen, daß die Nachfrage nach den Gütern der hier betrachteten Wirtschaftsgruppe häufig durch recht kurzfristig wirkende Faktoren beeinflußt wird, wie beispielsweise die Witterung oder modische Tendenzen. Entscheidend dürfte jedoch ins Gewicht fallen, daß es sich bei Musikinstrumenten, Spielwaren, Füllhaltern usw. um nicht lebensnotwendige Güter handelt, deren Kauf ohne weiteres einige Zeit hinausgeschoben werden kann, was offenbar insbesondere in Zeiten ungünstiger konjunktureller Lage geschieht. Für die Annahme, daß die Konjunktur einen entscheidenden Einfluß auf Kauf und damit Produktion dieser Güter ausübt, spricht die Tatsache, daß die Produktionszyklen der Herstellung von Musikinstrumenten, Spielwaren, Füllhaltern usw. mit den allgemeinen Konjunkturzyklen weitgehend übereinstimmen. Des weiteren läßt sich feststellen, daß sich die Branche von einem konjunkturellen Rückschlag auch wieder sehr schnell erholen kann. Dies zeigte sich beispielsweise in den Jahren 1976 und 1977, als der vorhergegangene Rückschlag innerhalb von zwei Jahren mehr als wettgemacht wurde. Insgesamt betrachtet muß man daher die Herstellung von Musikinstrumenten, Spielwaren, Füllhaltern usw. als äußerst konjunkturanfällig betrachten. Dabei ist jedoch interessant, daß die Branche dieses Prädikat erst seit Mitte der sechziger Jahre verdient. Wie nämlich Untersuchungen hinsichtlich der Intensität konjunktureller Produktionsschwankungen für den Zeitraum 1950 bis 1967 gezeigt haben, hat sich die Produktion der Branche in den ersten Nachkriegsjahren noch relativ kontinuierlich entwickelt[12]. Offenbar hat also im Nachfrageverhalten der Verbraucher eine Veränderung stattgefunden; diese dürfte nicht zuletzt — worauf bereits in der Einleitung zu dieser Studie hingewiesen wurde — durch eine zunehmende Marktsättigung bedingt gewesen sein.

cc) Produktionsstruktur

Gemessen am Umsatz[13] sämtlicher Unternehmen[14] ist die Herstellung von Spielwaren und Christbaumschmuck der bedeutendste Fachzweig der zu

[12] Vgl. E. Gröhn, Spektralanalytische Untersuchungen zum zyklischen Wachstum der Industrieproduktion in der Bundesrepublik Deutschland 1950-67, Tübingen 1970, S. 100.

[13] Der Umsatz wird hier als Indikator für die Produktion herangezogen. Wie in Kapitel II.3.a)aa) gezeigt, unterscheiden sich Umsatz und Bruttoproduktion zahlenmäßig nur geringfügig.

[14] Handwerk und Industrie.

Abb. 4

Index der Nettoproduktion in der Herstellung von Musikinstrumenten, Spielwaren, Füllhaltern usw.

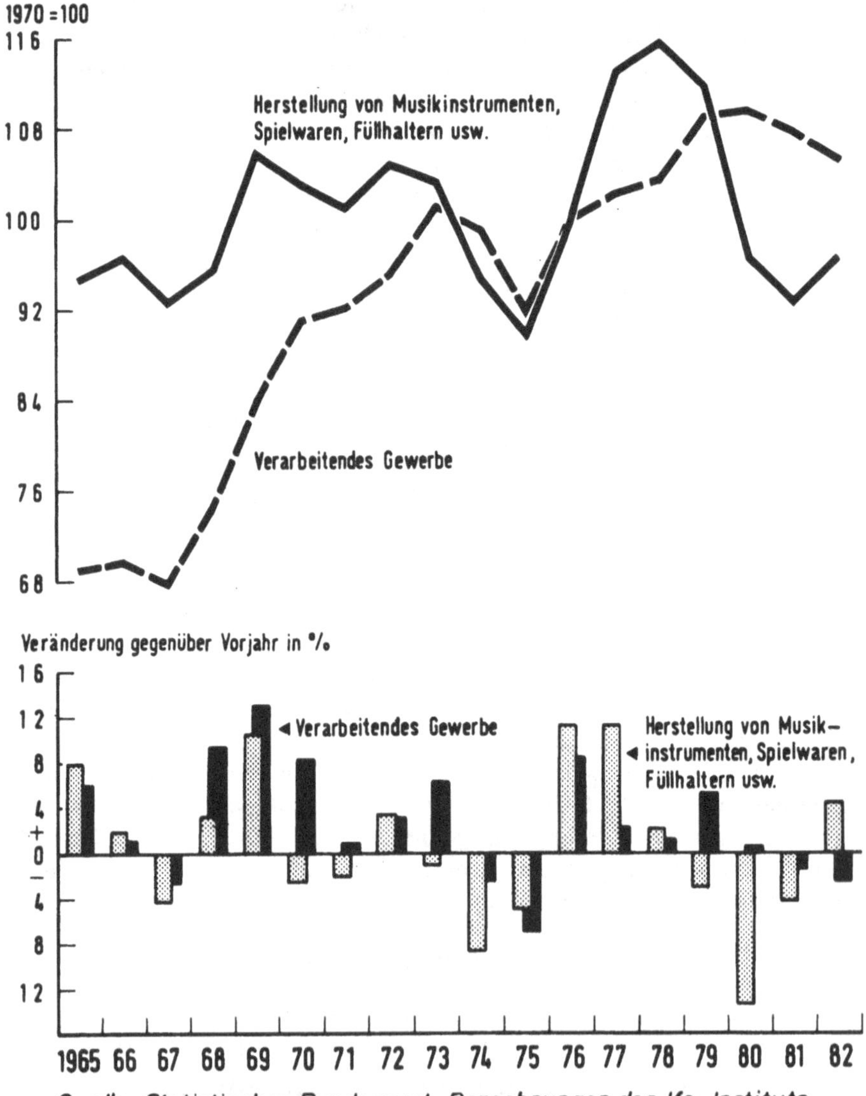

Quelle: Statistisches Bundesamt; Berechnungen des Ifo-Instituts.

IFO-INSTITUT für Wirtschaftsforschung München 548/83

untersuchenden Wirtschaftsgruppe (Tabelle 10). An zweiter Stelle liegt die Herstellung von Schmuck aus Edelmetall und -plattierungen. Das große Gewicht dieses Fachzweigs ist in erster Linie bedingt durch den Einsatz relativ teurer Materialien; hinzu kommt, daß die Wertschöpfung in diesem Fachzweig überdurchschnittlich hoch bewertet wird, da es sich bei der Fertigung von Schmuck aus Edelmetall und -plattierungen um eine hochqualifizierte Tätigkeit handelt. Zusammengenommen entfällt auf die beiden bedeutendsten Wirtschaftszweige fast die Hälfte des Umsatzes der Wirtschaftsgruppe.

In die andere Hälfte des Umsatzes teilen sich acht Bereiche. Die wichtigsten davon sind — in der Reihenfolge ihrer Bedeutung — die Herstellung von Musikinstrumenten, die Herstellung von Turn- und Sportgeräten, die Herstellung von Füllhaltern usw. sowie die Foto- und Filmlabors.

Obwohl man die meisten Fachzweige der Herstellung von Musikinstrumenten, Spielwaren, Füllhaltern usw. dem Freizeitmarkt zuordnen kann, so hat die Produktion der einzelnen Fachzweige im Untersuchungszeitraum doch eine recht unterschiedliche Entwicklung genommen. Dies hängt nicht nur damit zusammen, daß die Nachfrage nach den Gütern einzelner Fachzweige ganz spezifischen Einflußfaktoren unterliegt; vielmehr spielt hier auch eine Rolle, daß die Hersteller verschieden auf Nachfrageentwicklungen reagieren, zum Beispiel durch die Kreierung neuer Produkte und den Einsatz neuer Produktionsverfahren. Schließlich übt auch die Entwicklung des Außenhandels einen entscheidenden Einfluß auf die Entwicklung der Produktion aus. Besonders günstig war in den vergangenen Jahren diese Konstellation der Einflußfaktoren offenbar für die Foto- und Filmlabors. Zwischen 1976 und 1981 hat sich deren Umsatz mehr als verdoppelt (Tabelle 11)[15]. Weit überdurchschnittliche Umsatzsteigerungen konnten seit Mitte der siebziger Jahre auch die Hersteller von Musikinstrumenten sowie von Phantasieschmuck erzielen. Demgegenüber konnten die Hersteller von Spielwaren und Christbaumschmuck sowie die Bearbeiter von Edelsteinen usw. ihren Umsatz nur wenig erhöhen; die Hersteller von Münzen und Medaillen mußten sogar erhebliche Umsatzeinbußen hinnehmen.

Bemerkenswert erscheint die Tatsache, daß von 1965 bis Mitte der siebziger Jahre die Umsatzentwicklung in den einzelnen Fachzweigen — mit Ausnahme der Bearbeitung von Edelsteinen, Perlen, Perlmutter und Hartglas — einheitlicher verlief als in jüngster Vergangenheit (Tabelle 11). Die Erklärung dafür ist darin zu sehen, daß in den sechziger und frühen siebziger Jahren das Wachstumsklima in der Bundesrepublik generell noch recht günstig war, wovon zweifelsohne auch die einzelnen Fachzweige der hier untersuchten Wirtschaftsgruppe profitierten. Mit zunehmenden Wachs-

[15] Die Umsatzindizes der Tabelle 11 beziehen sich nur auf die größeren Unternehmen.

tumsunsicherheiten und geringer werdenden realen Einkommenssteigerungen und — was zusätzlich hinzu kam — Änderungen in der Bevölkerungsstruktur mußten sich zwangsläufig die „Wege" der einzelnen Fachzweige mehr auseinanderentwickeln als bisher.

Das unterschiedliche Wachstum der Umsätze in den Fachzweigen hatte Änderungen in der Umsatzstruktur zur Folge. Den größten Anteilsgewinn erzielten die Foto- und Filmlabors, während die Hersteller von Spielwaren und Christbaumschmuck erhebliche Anteilsverluste hinnehmen mußten (Tabelle 12)[16]. Aufschlußreich erscheint ein Vergleich der Umsatz- mit den jeweiligen Beschäftigtenanteilen. Dabei ergeben sich vor allem für die Herstellung von Schmuck aus Edelmetall oder -plattierungen sowie für die Foto- und Filmlabors gravierende Abweichungen. Der in der Herstellung von Schmuck wesentlich größere Umsatzanteil ist — wie erwähnt — auf die hohe Wertschöpfung in dieser Branche und den Einsatz relativ teurer Materialien zurückzuführen. Im Gegensatz dazu übertrifft in den Foto- und Filmlabors der Beschäftigtenanteil den Umsatzanteil nicht unerheblich, was vor allem durch die hohe Arbeitsintensität des Fertigungsprozesses, aber auch durch einen äußerst scharfen Wettbewerb bedingt ist.

b) Produktionsfaktoren und Produktionstechnik

aa) Überblick

Die Produktion von Musikinstrumenten, Spielwaren, Füllhaltern usw. hat seit Mitte der sechziger Jahre — betrachtet man die langfristige Entwicklung — stagniert. Es stellt sich die Frage nach den wesentlichen Faktoren dieser Entwicklung. Zwei Faktoren sind von Bedeutung: Einerseits die Entwicklung der Nachfrage (die in Kapitel 4 des allgemeinen Teils dieser Untersuchung dargestellt wird); und andererseits Veränderungen auf der Angebotsseite, das heißt, Veränderungen in den Produktionsbedingungen und in der Angebotspolitik der Unternehmen. Die Bedeutung dieser Faktoren ergibt sich daraus, daß im Wettbewerb nur jene Branchen erfolgreich sind, die bessere und billigere Produkte als die (in- und ausländische) Konkurrenz anbieten. Für die vorliegende Strukturanalyse werden einige wichtige Aspekte der Angebotsseite besonders hervorgehoben, nämlich die Ausstattung der Branche mit Produktionsfaktoren und die Veränderungen in deren Einsatzverhältnis, der technische Fortschritt und die Produktivitätsentwicklung.

Für eine Branche ergeben sich im Entwicklungsprozeß Vor- oder Nachteile, je nachdem, ob sie vergleichsweise reichlich vorhandene und damit

[16] Die Umsatzanteile von Tabelle 12 sind nicht mit jenen von Tabelle 10 vergleichbar, da sie nur auf dem Umsatz der größeren Unternehmen basieren.

relativ billige oder knappe und damit relativ teure Produktionsfaktoren nutzt. Dabei ist der Knappheitsgrad der einzelnen Produktionsfaktoren, die in einer dem internationalen Wettbewerb ausgesetzten Branche zum Einsatz kommen, anhand eines internationalen Vergleichs der entsprechenden Faktorpreise zu ermitteln. Demnach sind in der Bundesrepublik die Produktionsfaktoren Arbeit, Rohstoffe, Energie und Umwelt relativ knapp, während Sachkapital und vor allem technologisches Know-how vergleichsweise reichlich vorhanden sind[17]. Es ist also davon auszugehen, daß in der Bundesrepublik Branchen, die kapital- und know-how-intensiv sind gegenüber Branchen, die durch eine hohe Arbeits-, Energie-, Rohstoff- und Umweltintensität gekennzeichnet sind, Standortvorteile haben.

Die Herstellung von Musikinstrumenten, Spielwaren, Füllhaltern usw. ist im Durchschnitt durch folgende Merkmale im Vergleich zum Verarbeitenden Gewerbe charakterisiert (Tabelle 13):

— Niedrige Sachkapitalintensität bei hoher Arbeitsintensität
— Unterdurchschnittliche Know-how-Intensität hinsichtlich der Anforderungen an die Arbeitskräfte und im Hinblick auf Forschung und Entwicklung
— Niedrige Material-, Energie- und Umweltintensität.

Aufgrund dieser Merkmalskombination kann man die Wirtschaftsgruppe „Herstellung von Musikinstrumenten, Spielwaren, Füllhaltern usw.“ — als Ganzes gesehen — nicht eindeutig jenen Branchen zuordnen, die in der Bundesrepublik überwiegend günstige oder ungünstige Standortbedingungen vorfinden. Vielmehr kann hier erst eine eingehendere Analyse der einzelnen Produktionsfaktoren Klarheit schaffen. Dies ist auch deshalb erforderlich, weil schon die Höhe der Faktorintensitäten selbst, zum Beispiel jene für Forschung und Entwicklung, zu unterschiedlichen Interpretationen Anlaß geben — je nachdem, auf welche Basis die Forschungs- und Entwicklungsausgaben bezogen werden (Tabelle 13). Darüber hinaus sind die Intensitäten von Fachzweig zu Fachzweig unterschiedlich, was den Wert von Globalaussagen für die gesamte Wirtschaftsgruppe mindert. Dies ist der wesentliche Grund dafür, weshalb im Branchenteil dieser Untersuchung nochmals Fachzweig für Fachzweig auf wichtige Faktorintensitäten eingegangen wird.

[17] In bezug auf den Produktionsfaktor Arbeit ist anzumerken, daß dessen relative Knappheit — trotz einer derzeitigen Arbeitslosenzahl von zwei Millionen — darin zum Ausdruck kommt, daß die Arbeitskosten in der Bundesrepublik — international gesehen — eine Spitzenstellung einnehmen.

bb) Beschäftigte

α) Anzahl und Struktur der Beschäftigten

Die Zahl der Erwerbstätigen (ohne Heimarbeiter) in der Herstellung von Musikinstrumenten, Spielwaren und Füllhaltern usw. ist im Untersuchungszeitraum von 108 000 (1965) auf etwa 90 000 (1981) zurückgegangen (Tabelle 2). Innerhalb von 16 Jahren hat sich also die Zahl der Erwerbstätigen um 18 000 beziehungsweise 17 % verringert.

Die Entwicklung der Beschäftigtenzahl war zwar seit 1965 der Tendenz nach abwärts gerichtet, sie weist jedoch bedingt durch den engen Zusammenhang mit der Produktionsentwicklung durchaus Schwankungen auf. So brachte das konjunkturell günstige Jahr 1969 einen Höhepunkt im Beschäftigtenstand, während im Rezessionsjahr 1975 ein bis dahin nicht gekannter Tiefpunkt erreicht wurde (Tabelle 2). Im Gefolge der konjunkturellen Erholung der Produktion stellte die Branche in den Jahren 1976 bis 1979 Arbeitskräfte ein, die jedoch schon 1980/81 aufgrund des „Umkippens" in der Produktionsentwicklung wieder freigesetzt wurden. Damit war der Beschäftigtenstand im Jahr 1981 ähnlich niedrig wie 1975[18].

Die Herstellung von Musikinstrumenten, Spielwaren, Füllhaltern usw. bietet vor allem Arbeitsplätze in kleineren und mittleren Unternehmen. Dies zeigt sich darin, daß der Anteil der Branche an den Erwerbstätigen sämtlicher Unternehmen des Verarbeitenden Gewerbes (1978: 1,07 %) höher ist als der Anteil an den Erwerbstätigen in Betrieben von Unternehmen mit 20 Beschäftigten und mehr (1978: 0,88 %, Tabelle 2). Aufgrund der klein- und mittelbetrieblichen Struktur der Branche stellen Selbständige und mithelfende Familienangehörige einen erheblichen Teil der Erwerbstätigen; er belief sich 1978 auf gut 10 %, während er im Verarbeitenden Gewerbe insgesamt bei rund 5 % lag (Tabelle 14). Umgekehrt ist der Anteil der Arbeitnehmer in der Herstellung von Musikinstrumenten, Spielwaren, Füllhaltern usw. — gemessen am Verarbeitenden Gewerbe — nur unterdurchschnittlich hoch. Dies zeigt ein Vergleich der entsprechenden Anteilswerte für die Erwerbstätigen insgesamt (1978: 1,07 %) und für die Arbeitnehmer (1978: 1,01 %, Tabelle 2). Dehnt man dagegen den Vergleich auf die gesamte Wirtschaft aus, in der im Jahr 1978 die Selbständigen und mithelfenden Familienangehörigen über 14 % der Erwerbstätigen stellten, so ist die hier betrachtete Branche keineswegs durch einen überdurchschnittlichen Anteil der Selbständigen und mithelfenden Familienangehörigen (1978: 10,5 %)

[18] Für die Jahre 1979 bis 1981 liegen noch keine Zahlen über die Erwerbstätigen in der gesamten Branche vor. Zur Beschreibung der Entwicklungstendenz eignet sich jedoch die Zahl der Beschäftigten in Betrieben von Unternehmen mit im allgemeinen 20 Beschäftigten und mehr, die — wie für den Zeitraum 1970 bis 1978 gezeigt werden kann — weitgehend parallel zur Zahl der gesamten Erwerbstätigen verläuft (Tabelle 2).

gekennzeichnet. Dies liegt darin, daß die Selbständigen vor allem im Baugewerbe, im Handel und im Dienstleistungsbereich stark vertreten sind. Allerdings hat sich in der gesamten Wirtschaft die Quote der Selbständigen und mithelfenden Familienangehörigen im Untersuchungszeitraum stark ermäßigt (Tabelle 14), was unter anderem eine Folge einerseits davon ist, daß die Bereitschaft zur Selbständigkeit allgemein stark gesunken ist und andererseits davon, daß vor allem im Handelssektor der selbständige Einzelhandel erheblich an Boden verloren hat. Demgegenüber blieb die Quote der Selbständigen und mithelfenden Familienangehörigen in der Herstellung von Musikinstrumenten, Spielwaren, Füllhaltern usw. — abgesehen von kurzfristigen Schwankungen — weitgehend konstant, was auf eine relativ „gesunde“ Unternehmensstruktur hinweist.

In der Herstellung von Musikinstrumenten, Spielwaren, Füllhaltern usw. spielt die Beschäftigung von Frauen eine erhebliche Rolle. Im Jahr 1980 waren 52 % der Beschäftigten weiblichen Geschlechts; damit lag der Frauenanteil nicht nur wesentlich über dem entsprechenden Anteil für das gesamte Verarbeitende Gewerbe und den Bergbau (knapp 30 %), sondern auch über dem Anteil für das Verbrauchsgüter produzierende Gewerbe (rund 46 %)[19]. Dabei sind diese Arbeitsplätze nicht nur in der Verwaltung zu finden, sondern auch und vor allem im eigentlichen Fertigungsbereich. Während sich nämlich der Anteil der Frauen an den Angestellten im Jahr 1980 auf 47 % belief, erreichte er bei den Arbeitern 54 %. Besonders stark vertreten sind weibliche Arbeiter in den Foto- und Filmlabors sowie in der Herstellung von Spielwaren und Christbaumschmuck. Demgegenüber sind die Herstellung von Musikinstrumenten sowie von Turn- und Sportgeräten eine Domäne der Männer.

Ein besonderes Charakteristikum der hier zu untersuchenden Wirtschaftsgruppe ist der weit verbreitete Einsatz von Heimarbeitern[20]. Im Jahr 1980 waren in der Herstellung von Musikinstrumenten, Spielwaren, Füllhaltern usw. (Unternehmen mit 20 Beschäftigten und mehr) knapp 9 800 Heimarbeiter tätig; gemessen an den Gesamtbeschäftigten (einschl. Heimarbeiter) waren dies etwa 13 %. Damit bietet die Wirtschaftsgruppe nach dem Druck- und Vervielfältigungsgewerbe sowie dem Textilgewerbe die meisten Beschäftigungsmöglichkeiten für Heimarbeiter. Besonders häufig ist der Einsatz von Heimarbeitern — gemessen an den Gesamtbeschäftigten — in der Herstellung von Spielwaren und Christbaumschmuck, in der Herstellung von Münzen und Medaillen sowie im Fachzweig „Herstellung von Füllhaltern, Verarbeitung von Schnitz- und Formstoffen usw.“ Der hohe Anteil der

[19] Quelle: Statistisches Bundesamt, Fachserie 4 (Produzierendes Gewerbe), Reihe 4.3.3 (Kostenstruktur der Unternehmen im Verbrauchsgüter produzierenden Gewerbe und im Nahrungs- und Genußmittelgewerbe).

[20] Die Zahl der Heimarbeiter ist in der Zahl der Beschäftigten — wie bisher dargestellt — nicht enthalten.

Heimarbeit in der Herstellung von Spielwaren und Christbaumschmuck ist bedingt durch die starken saisonalen Produktionsschwankungen in diesem Bereich. Die Heimarbeit bietet den Unternehmen die Möglichkeit, flexibler zu disponieren und produzieren. Andererseits ist für die Heimarbeiter das Beschäftigungsrisiko relativ groß. Erfahrungsgemäß entlassen nämlich die Unternehmen bei schlechter Geschäftslage zuerst die Heimarbeiter, da diese leichter kündbar sind.

β) Qualifikation der Beschäftigten

In der Herstellung von Musikinstrumenten, Spielwaren, Füllhaltern usw. wurden vor allem gegen Ende der siebziger Jahre — wie noch zu zeigen sein wird — zahlreiche neue Fertigungstechniken eingeführt. Dies hatte zur Folge, daß in vielen Fertigungsbereichen, in denen früher hochqualifizierte Arbeitskräfte eingesetzt werden mußten, jetzt eine mittlere Qualifikation genügt. Dementsprechend ist der Anteil der hochqualifizierten Arbeitskräfte an der Gesamtzahl der Arbeiter leicht zurückgegangen, jener der qualifizierten Arbeitskräfte erhöht (Tabelle 15). Dies schließt natürlich nicht aus, daß es nach wie vor Fertigungsbereiche gibt, in denen weiterhin höchste Qualifikation verlangt wird, wie beispielsweise im Orgelbau oder in der Herstellung von bestimmten Schmuckwaren.

Die Fortschritte in der Fertigungstechnik haben den Anteil weniger qualifizierter Arbeitskräfte an der Gesamtzahl der Arbeiter reduziert. Dies gilt beispielsweise für die Herstellung von Schreibgeräten; dort hat der Einsatz neuer Maschinen und neuer Produktionsverfahren eine bessere Ausbildung der Beschäftigten bedingt. Nach wie vor gibt es jedoch in der Herstellung von Musikinstrumenten, Spielwaren, Füllhaltern usw. eine große Zahl von Arbeitsplätzen, die nur geringe Qualifikationen erfordern und die nicht mechanisiert oder automatisiert werden können oder bei denen sich eine derartige Umstellung kostenmäßig nicht lohnen würde. Dies ist auch ein Grund dafür, daß die hier betrachtete Branche in relativ großem Umfang Heimarbeiter beschäftigt.

Insgesamt gesehen ist das Anforderungsniveau der in der Herstellung von Musikinstrumenten, Spielwaren, Füllhaltern usw. angebotenen Arbeitsplätze verhältnismäßig niedrig. Dies läßt sich einmal mit Hilfe der bereits erwähnten Qualifikationsstruktur belegen. Der Anteil der unqualifizierten Arbeitskräfte an sämtlichen Arbeitern liegt deutlich über dem Wert, der für das gesamte Verarbeitende Gewerbe ermittelt wurde (Tabelle 15). Zum anderen erreicht die Ausbildungskapitalintensität[21] in der Branche nur etwa

[21] Das Ausbildungs- oder, wie es vielfach auch genannt wird, das Humankapital ist der kapitalisierte Teil der Lohn- und Gehaltssumme, den die Beschäftigten aufgrund ihrer Ausbildung erhalten.

60 % des Niveaus des Durchschnitts des verarbeitenden Gewerbes (Tabelle 13). Damit zählt die Herstellung von Musikinstrumenten, Spielwaren, Füllhaltern usw. zu jenen Branchen, die im Durchschnitt vergleichsweise geringe Anforderungen an die Beschäftigten stellen; lediglich im Bekleidungsgewerbe ist der Einsatz von Humankapital noch niedriger.

cc) Bruttoanlagevermögen

α) Entwicklung des Bruttoanlagevermögens

Der Einsatz von Sachkapital, also das Bruttoanlagevermögen, hat sich in der Herstellung von Musikinstrumenten, Spielwaren, Füllhaltern usw. von 1970 bis 1981 relativ kontinuierlich erhöht (Tabelle 16). Allerdings hat sich das Wachstum des Kapitalstocks seit etwa Mitte der sechziger Jahre etwas verlangsamt. Während es zwischen 1970 und 1976 durchschnittlich noch 5,6 % pro Jahr betrug, fiel es im Zeitraum 1976 bis 1981 auf 4,7 % zurück. Trotz des abnehmenden Wachstums hat der Kapitalstock in der untersuchten Branche auch seit Mitte der siebziger Jahre noch stärker zugenommen als im Durchschnitt des Verarbeitenden Gewerbes. Diese Entwicklung wurde zweifelsohne dadurch begünstigt, daß die Möglichkeiten zum Einsatz von Realkapital in der Herstellung von Musikinstrumenten, Spielwaren, Füllhaltern usw. — die vielfach noch durch den Einsatz von Handarbeit gekennzeichnet ist — größer waren als in anderen Bereichen des Verarbeitenden Gewerbes, in denen die Mechanisierung bereits viel weiter fortgeschritten war. Hinzu kommt, daß in einigen Fachzweigen der untersuchten Wirtschaftsgruppe, so insbesondere in der Sportartikelindustrie, erhebliche Kapazitäten in Erwartung schnell steigender Nachfrage aufgebaut wurden.

β) Kapazitätsauslastung

Der schnelle Aufbau von Kapazitäten hat in der Herstellung von Musikinstrumenten, Spielwaren, Füllhaltern usw. teilweise Überkapazitäten entstehen lassen. Dies zeigt sich darin, daß von 1970 bis 1981 die durchschnittliche Kapazitätsauslastung mit 88,2 % deutlich unter dem Auslastungsgrad für das gesamte Verarbeitende Gewerbe lag (90,6 %). Die Entstehung von Überkapazitäten hatte mehrere Ursachen: Zunächst ist darauf hinzuweisen, daß einige Unternehmen die zukünftigen Absatzchancen zu optimistisch eingeschätzt hatten. Darüber hinaus hat der erhebliche Anstieg der Importe viele inländische Kapazitäten „entwertet". Die Entstehung von Überkapazitäten muß aber auch in Zusammenhang mit den besonderen Eigenheiten des Marktes für Musikinstrumente, Spielwaren, Füllhalter usw. gesehen werden. Da die Konjunkturreagibilität der Produktion der Branche sehr hoch ist, besteht mehr als in anderen Wirtschaftsbereichen die Gefahr, daß im Aufschwung die Absatzmöglichkeiten überschätzt und zu umfangreiche Kapazitäten aufgebaut werden. Diese drücken dann in konjunkturell schlechten Jahren erheblich auf die Auslastung; so belief sich in den Rezessionsjahren 1975 und 1981 der Auslastungsgrad auf weniger als 80 % und lag damit deutlich unter den Werten für den Durchschnitt des Verarbeitenden Gewerbes (Tabelle 17).

γ) Altersaufbau des Bruttoanlagevermögens

Schneller Aufbau und schnelles Veralten von Kapazitäten sind also bis zu einem gewissen Grad typisch für einige Bereiche der Herstellung von Musikinstrumenten, Spielwaren, Füllhaltern usw. Aus dieser Konstellation heraus und aus einem schnellen Produktionswachstum resultierte bis Anfang der siebziger Jahre eine ständige Erneuerung des Maschinenparks. Die Hersteller von Musikinstrumenten, Spielwaren, Füllhaltern usw. haben in jedem Jahrfünft von 1955 bis 1970 die Investitionen derart stark erhöht, daß die jeweils fünf jüngsten Jahrgänge zwischen 52 und 64 % des Ausrüstungsbestands ausmachten (Tabelle 18). Bis 1978 fiel jedoch der entsprechende Anteilswert auf 31 % zurück. Dies bedeutet, daß sich im vergangenen Jahrzehnt die Altersstruktur des Kapitalstocks erheblich verschlechtert hat. Daraus kann geschlossen werden, daß das Ausrüstungsvermögen nicht mehr in allen Fällen dem neuesten Stand der Technik entspricht und über eine Effizienzminderung der Produktion die Wettbewerbsfähigkeit gegenüber ausländischen Konkurrenten beeinträchtigt. Diese Schlußfolgerung läßt sich auch aus der Entwicklung eines Indikators für den Modernitätsgrad ziehen: Dieser Indikator ist zwischen 1970 und 1981 erheblich zurückgegangen (Tabelle 16), wobei sich jedoch der Rückgang seit Mitte der siebziger Jahre etwas verlangsamt hat. Im übrigen ist darauf hinzuweisen, daß die Verschlechterung der Altersstruktur des Anlagevermögens seit Anfang der siebziger Jahre eine generelle Erscheinung der deutschen Wirtschaft ist und der Maschinenpark in der Herstellung von Musikinstrumenten, Spielwaren, Füllhaltern usw. nach wie vor jüngeren Datums ist als im Durchschnitt des Verarbeitenden Gewerbes (Tabellen 16 und 18).

δ) Kapitalkoeffizient

Das im Vergleich zum gesamten Verarbeitenden Gewerbe höhere Wachstum des Realkapitaleinsatzes in der zu untersuchenden Branche ist zweifelsohne ein wichtiger Grund dafür, daß das Verhältnis von Bruttoanlagevermögen zu Produktion im Untersuchungszeitraum relativ stark zunahm

(Tabelle 19). Von 1970 bis 1981 erhöhte sich diese — auch als effektiver Kapitalkoeffizient bekannte Größe — in der Herstellung von Musikinstrumenten, Spielwaren, Füllhaltern usw. um 94 %, im Verarbeitenden Gewerbe insgesamt um lediglich 16 %. Dies bedeutet, daß zur Erstellung eines Bruttowertschöpfungsvolumens von einer DM in der Herstellung von Musikinstrumenten, Spielwaren, Füllhaltern usw. ein laufend gestiegener Kapitaleinsatz erforderlich war. Im Jahr 1981 lag dieser Kapitaleinsatz nur noch um etwa 10 % unter dem Durchschnittswert für das Verarbeitende Gewerbe (Tabelle 19).

dd) Investitionen

α) Umfang der Investitionen und Investitionskennziffern

Die Investitionstätigkeit der Herstellung von Musikinstrumenten, Spielwaren, Füllhaltern usw. war im Untersuchungszeitraum, gemessen an der Investitionsentwicklung der meisten anderen Branchen, recht lebhaft. Zwar ist die Branche von der allgemeinen Investitionsschwäche im Gefolge der ersten und zweiten Ölkrise nicht verschont geblieben (Tabelle 20 und Abbildung 5). Während jedoch im Durchschnitt des Verarbeitenden Gewerbes die Investitionstätigkeit in der zweiten Hälfte der siebziger Jahre nur wenig zunahm und das Investitionsvolumen von 1980 noch um 10 % unter demjenigen des Jahres 1971 lag, haben die Hersteller von Musikinstrumenten, Spielwaren, Füllhaltern usw. von 1976 bis 1979 äußerst kräftig investiert. Im Jahr 1981 übertraf das Investitionsvolumen in der Branche dasjenige des Jahres 1970 (das das bisherige Investitionsmaximum vor den beiden Ölkrisen markierte) um 20 %, und dies, obwohl in den Jahren 1980 und 1981 die Investitionen eingeschränkt wurden.

Aufgrund der regen Investitionstätigkeit hat sich der Anteil der Brutto-Anlageinvestitionen der Herstellung von Musikinstrumenten, Spielwaren, Füllhaltern usw. an den Investitionen des gesamten Verarbeitenden Gewerbes im Untersuchungszeitraum der Tendenz nach erhöht. Zwar lag der Anteilswert in den Jahren 1980 und 1981 unter demjenigen von 1979, die Investitionsanstrengungen der Branche waren jedoch nach wie vor relativ hoch, insbesondere wenn man als Maßstab die Investitionsquote, das heißt den Anteil der Investitionen am Umsatz nimmt. Mit Investitionsquoten von jeweils über 4 % war die Branche in den Jahren seit 1977 sogar investitionsfreudiger als der Durchschnitt des gesamten Verarbeitenden Gewerbes (Tabelle 20). Setzt man allerdings die Investitionen zu den Beschäftigten in Beziehung, so ist die so definierte Investitionsintensität der Branche nach wie vor relativ niedrig; allerdings hat sich der Abstand zum Durchschnitt des Verarbeitenden Gewerbes deutlich verringert. Während im Jahr 1965 die

Investitionsintensität der Herstellung von Musikinstrumenten, Spielwaren, Füllhaltern usw. erst 46 % des Werts für das Verarbeitende Gewerbe erreichte, waren es im Jahr 1981 schon 65 %.

Abb. 5

Reale Brutto-Anlageinvestitionen[1] in der Herstellung von Musikinstrumenten, Spielwaren, Füllhaltern usw.

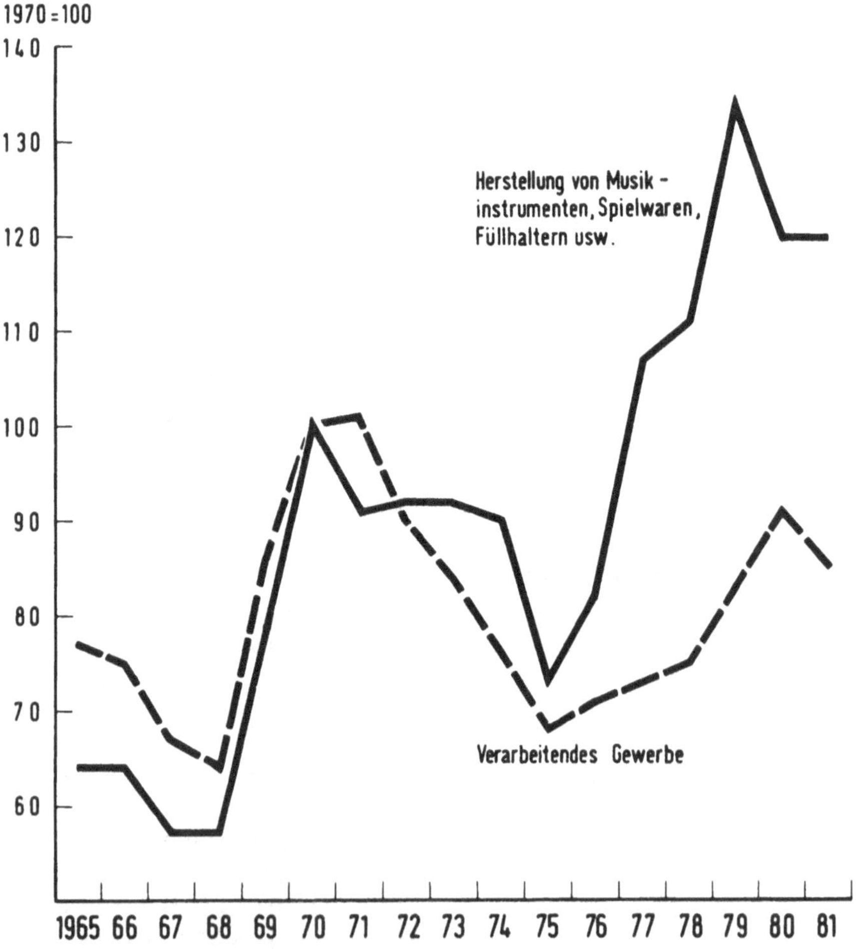

1) *In Preisen von 1970.*

Quelle: Ifo-Investitionstest.

IFO-INSTITUT für Wirtschaftsforschung München 547/83

β) Zielsetzung der Investitionstätigkeit

Die Entwicklung der Investitionstätigkeit in der Herstellung von Musikinstrumenten, Spielwaren, Füllhaltern usw. war im Untersuchungszeitraum durch zwei Erweiterungswellen gekennzeichnet. Die erste Welle umfaßte die Jahre 1968 bis 1973, die zweite Welle die Jahre 1977 bis 1979 (Tabelle 21). Dadurch wurden Kapazitäten aufgebaut, die in den folgenden Jahren teilweise nicht mehr voll genutzt werden konnten. Auffallend ist, daß bei den Erweiterungsinvestitionen der ersten Welle jene Investitionen überwogen, die auf eine Änderung des Produktionsprogramms abzielten, während in den Jahre 1977 und 1978 vor allem Investitionen im Rahmen des bestehenden Produktionsprogramms vorgenommen wurden. Mit sich abschwächender Konjunktur haben dann die Unternehmen in den Jahren 1979 bis 1981 die Kapazitätserweiterungen im Rahmen des bestehenden Fertigungsprogramms drastisch reduziert.

In den Jahren 1980 und 1981 hat sich das Rationalisierungsmotiv stark in den Vordergrund geschoben (Tabelle 21). Dieses Motiv, das in der Branche seit jeher eine überdurchschnittliche Bedeutung hat, wurde vor allem von dem Bestreben getragen, dem allgemeinen Kostenanstieg, der inbesondere aus einer Verteuerung des Arbeitskräfteeinsatzes resultierte, entgegenzuwirken. Hinzu kommt, daß sich in der Herstellung von Musikinstrumenten, Spielwaren, Füllhaltern usw., die ja nach wie vor relativ arbeitsintensiv ist, größere Rationalisierungsmöglichkeiten eröffnen als in Branchen, die schon einen hohen Mechanisierungs- und Automatisierungsgrad aufweisen.

ee) Kapitalintensität

Die großen Investitionsanstrengungen der Hersteller von Musikinstrumenten, Spielwaren, Füllhaltern usw. haben im Untersuchungszeitraum dazu geführt, daß sich der Kapitaleinsatz je Beschäftigten, also die sogenannte Sachkapitalintensität, gemessen am gesamten Verarbeitenden Gewerbe überdurchschnittlich erhöht hat (Tabelle 22). Gleichwohl ist der Einsatz von Maschinen und Gebäuden je Beschäftigten in der Branche immer noch relativ gering; er liegt etwa 40 % unter dem Niveau für das gesamte Verarbeitende Gewerbe (Tabelle 13). Dies hat seine Ursache darin, daß zahlreiche Unternehmen und Bereiche der Branche noch in reiner Handarbeit fertigen; vielfach wird auch nur mit Universalmaschinen gearbeitet. Der Einsatz von Halb- oder Vollautomaten ist dagegen nur in wenigen Bereichen anzutreffen, so beispielsweise beim Spritzgießen von Spielwaren. Im Durchschnitt gesehen ist also der Automatisierungs- und damit auch Mechanisierungsgrad der Herstellung von Musikinstrumenten, Spielwaren, Füllhaltern usw. niedrig; mit anderen Worten, die Fertigungsweise ist vergleichsweise arbeitsintensiv. Derartige Branchen sind, sofern an den Arbeitseinsatz keine allzu hohen Anforderungen gestellt werden[22], im allgemeinen einem starken Wettbewerbsdruck seitens solcher Länder ausgesetzt, in denen die Arbeitskosten niedrig sind.

ff) Materialintensität

Die Herstellung von Musikinstrumenten, Spielwaren, Füllhaltern usw. ist dadurch charakterisiert, daß die eingesetzten Materialien und Rohstoffe eine verhältnismäßig starke Umwandlung erfahren. Das heißt, die Branche hat eine geringe Vorleistungsintensität. Dies läßt sich daraus ersehen, daß der Anteil der Vorleistungen[23] am Bruttoproduktionswert mit etwa 53 % (1978) erheblich unter dem Durchschnittswert für das Verarbeitende Gewerbe liegt (61 %, Tabelle 23). Zwar hat sich die Vorleistungsquote in der hier untersuchten Branche seit Anfang der siebziger Jahre — vor allem wegen Verteuerungen beim Energie- und Rohstoffeinsatz — erhöht, dadurch hat sich jedoch der Abstand zum Durchschnittswert des Verarbeitenden Gewerbes kaum vermindert, da auch andere Branchen von Preiserhöhungen betroffen waren.

Betrachtet man nur den Einsatz von Roh-, Hilfs- und Betriebsstoffen, also ohne Brenn- und Treibstoffe sowie Energie, so erreicht der so definierte Materialverbrauch einen Anteil von 38,9 % (1978) am Umsatz[24]. Auch dieser Anteilssatz ist niedriger als der entsprechende Durchschnittswert für das Verarbeitende Gewerbe (einschließlich Bergbau). Insofern ist die „rohstoffarme" Bundesrepublik als Standort für die Branche besonders geeignet.

Aufgrund der niedrigen Materialintensität der Branche spielte bisher die Rohstoffverteuerung eine verhältnismäßig geringe Rolle als Investitionsanlaß. Es hat jedoch den Anschein, daß die Unternehmen Fragen der Senkung der Materialkosten zunehmende Aufmerksamkeit widmen. Ein Hinweis dafür ist darin zu sehen, daß in jüngster Zeit die Investitionen verstärkt der Materialeinsparung dienen. Offenbar hat die Verschärfung der internationalen Wettbewerbssituation die Unternehmen der Branche gezwungen, auch

---

[22] Dies ist im Durchschnitt der Branche, wie Ausführungen über die Qualifikationsstruktur (II.3.b) bb)ß) gezeigt haben, der Fall.

[23] Zu den Vorleistungen zählen der Verbrauch an Roh-, Hilfs- und Betriebsstoffen, der Einsatz an Handelsware, die Kosten für durch andere Unternehmen ausgeführte Lohnarbeiten, die Kosten für sonstige industrielle oder handwerkliche Dienstleistungen, Mieten und Pachten, sonstige Kosten, Verbrauchssteuern sowie sonstige indirekte Steuern abzüglich Subventionen für die laufende Produktion.

[24] Quelle: D. Laux, Methode und Ergebnisse der Material- und Wareneingangserhebung im Bergbau und im Verarbeitenden Gewerbe 1978, in: Wirtschaft und Statistik, 12/1981, S. 840.

solche Rationalisierungsreserven verstärkt auszuschöpfen, die bisher vielfach unbeachtet blieben.

Seit jeher große Bedeutung kommt dem Materialeinsatz in der Schmuckwaren- und Edelsteinindustrie zu. Aufgrund der nahezu totalen Importabhängigkeit der Bundesrepublik bei Edelmetallen und -steinen ist dieser Fachzweig in hohem Maße von den Wechselkursschwankungen des US-Dollars abhängig. Damit werden besonders hohe Anforderungen an die Unternehmen in bezug auf Rohstofflagerhaltung und -disposition gestellt.

gg) Energieintensität

Die Energiekosten, die in der Herstellung von Musikinstrumenten, Spielwaren, Füllhaltern usw. direkt anfallen, liegen — gemessen am Produktionswert und an den Vorleistungen — weit unter dem Durchschnittswert für das Verarbeitende Gewerbe (Tabelle 24). Lediglich in zwei Branchen des Verarbeitenden Gewerbes, nämlich in der Tabakverarbeitung sowie im Stahl- und Leichtmetallbau sind die direkten Energiekosten noch niedriger als in der betrachteten Branche. Dies bedeutet, daß die Branche unmittelbar relativ wenig von steigenden Energiekosten betroffen ist. Dementsprechend selten wurden in den vergangenen Jahren Investitionen vorgenommen, die der rationelleren Energienutzung dienen. Aus einer Erhebung vom Herbst 1980 geht hervor, daß in diesem Jahr nur ein knappes Drittel der Unternehmen der Herstellung von Musikinstrumenten, Spielwaren, Füllhaltern usw. derartige Investitionen durchführte, während es im Verarbeitenden Gewerbe insgesamt etwa 50 % waren[25].

In der Herstellung von Musikinstrumenten, Spielwaren, Füllhaltern usw. werden praktisch ausschließlich Sekundärenergieträger eingesetzt, da weder eine Eigenerzeugung an Energie erfolgt noch Prozeßwärme benötigt wird. Unter den Energieträgern spielen Elektrizität und leichtes Heizöl die wichtigste Rolle.

Der größere Teil der Energiekosten der Branche fällt indirekt an, das heißt er ist in den Vorleistungen enthalten, die von anderen Bereichen der Wirtschaft bezogen werden. Aber auch unter Berücksichtigung dieser Energiekosten liegt die Energieintensität der Herstellung von Musikinstrumenten, Spielwaren, Füllhaltern usw. am Ende einer Rangskala sämtlicher Branchen des Verarbeitenden Gewerbes. Insofern ergibt sich für die Unternehmen der untersuchten Branchen auch unter diesem Gesichtspunkt — wie bei der Materialintensität — im interindustriellen Vergleich ein Standortvorteil.

---

[25] Vgl. F. Neumann/B. Thanner, Investitionsaktivitäten im Zusammenhang mit der Energieverteuerung, in: Ifo-Schnelldienst, Nr. 17/18, 24. Juni 1982, S. 27.

hh) Nutzung von Umwelt

Gemessen am Durchschnitt des Verarbeitenden Gewerbes ist die Herstellung von Musikinstrumenten, Spielwaren, Füllhaltern usw. mit wenigen Umweltschutzauflagen belastet. Dementsprechend niedrig ist der Anteil der Umweltschutzinvestitionen an den Gesamtinvestitionen (Tabelle 13). Als Investitionsmotiv spielt der Umweltschutz nur eine untergeordnete Rolle. Im Gegensatz zur Gesamtindustrie, wo in Zukunft vom Umweltschutz verstärkte Investitionsimpulse ausgehen werden, werden — wie aus Umfrageergebnissen des Ifo-Instituts hervorgeht — in der Herstellung von Musikinstrumenten, Spielwaren, Füllhaltern usw. umweltschutzinduzierte Investitionen eher an Bedeutung verlieren als gewinnen.

Fast 100 % der Umweltschutzinvestitionen der Branche betreffen prozeßbezogene Investitionen (1978: 99,6 %)[26], und hier stehen wiederum Investitionen zum Gewässerschutz an erster Stelle. Demgegenüber haben produktbezogene Investitionen (die mit dem Ziel durchgeführt werden, umweltfreundlichere Erzeugnisse herzustellen, also Produkte, die bei Gebrauch eine geringere oder gar keine Umweltbelastung verursachen), nur eine untergeordnete Bedeutung. Derartige Investitionen sind lediglich in der Herstellung von Sportgeräten sowie von Spielzeug von einem gewissen Belang.

ii) Betriebsgrößenstruktur

Neben den eigentlichen Produktionsfaktoren Arbeit, Kapital, Material, Energie und Umwelt spielt für die Beurteilung der Wettbewerbsfähigkeit einer Branche auch die Betriebsgrößenstruktur eine Rolle. Dies insofern, als diese die Flexibilität und Anpassungsfähigkeit der Betriebe und damit der Produktion in hohem Maße beeinflußt.

In der Herstellung von Musikinstrumenten, Spielwaren, Füllhaltern usw. überwiegen bei weitem die kleineren Betriebe. Im September 1980 beschäftigten 94 % der Betriebe[27] weniger als 100 Arbeitnehmer; im Durchschnitt des Verarbeitenden Gewerbes waren es 86 %. Legt man als Basis die Zahl der Beschäftigten und den Umsatz zugrunde, so lassen sich keine eindeutigen Schwerpunkte nach Beschäftigtengrößenklassen ausmachen. Vielmehr ist die Verteilung auf die einzelnen Größenklassen ziemlich gleichmäßig, allerdings mit der Ausnahme, daß das Gewicht der Betriebe mit mehr als 1000 Beschäftigten relativ niedrig ist (Tabelle 25). Demgegenüber bietet die Größenstruktur des gesamten Verarbeitenden Gewerbes ein wesentlich anderes

[26] Quelle: Statistisches Bundesamt, Fachserie 19, Reihe 3.

[27] Ohne handwerkliche Kleinbetriebe.

Bild; dort steigt die Bedeutung der Betriebe von Größenklasse zu Größenklasse nahezu kontinuierlich an.

Die ausgeglichene Betriebsgrößenstruktur der Herstellung von Musikinstrumenten, Spielwaren, Füllhaltern usw. ist weitgehend durch die in der Branche übliche Fertigungstechnik bestimmt. Die vielfach noch vorherrschende handwerkliche und arbeitsintensive Fertigungsweise ist für die Vielzahl kleiner und mittelgroßer Betriebe verantwortlich. Letztlich ist es aber die Nachfrage der Konsumenten, die eine derartige Betriebsgrößenstruktur erzwingt: Denn nur kleine und mittelgroße Betriebe sind im allgemeinen in der Lage, spezielle Verbraucherwünsche zu befriedigen sowie rasch und flexibel auf die erheblichen Schwankungen der Nachfrage nach Musikinstrumenten, Spielwaren, Füllhaltern usw. reagieren zu können. Und nur kleine und mittelgroße Betriebe sind in der Lage, die erheblichen Schwankungen in der Kapazitätsauslastung auch kostenmäßig tragen zu können.

In der Betriebsgrößenstruktur der Herstellung von Musikinstrumenten, Spielwaren, Füllhaltern usw. zeigte sich im Untersuchungszeitraum eine rückläufige Bedeutung der größeren Einheiten. Waren die Betriebe mit 1000 Beschäftigten und mehr 1970 noch mit fast 8 % an den Gesamtbeschäftigten beteiligt, so verringerte sich dieser Anteilssatz bis 1980 auf unter 6 % (Tabelle 26). Die kleineren und mittelgroßen Betriebe konnten dagegen ihre Stellung halten oder teilweise sogar ausbauen.

jj) Technischer Fortschritt und Produktivität

α) Forschungs- und Entwicklungsaktivitäten

Zur Erhaltung der Wettbewerbsfähigkeit einer Branche ist eine ständige Erneuerung des Produktionsprogramms und des Maschinenparks erforderlich. Eine wesentliche Voraussetzung für eine derartige Erneuerung sind ausreichende Forschungs- und Innovationsaktivitäten. Diese hängen von einer Reihe von Faktoren ab, insbesondere vom technologischen Potential sowie vom Konkurrenzdruck, der dieses Potential mobilisiert. Was den letztgenannten Gesichtspunkt betrifft, so ist — unter Vorwegnahme von Ergebnissen, die in Kapitel 5 dargestellt werden — angesichts hoher Importquoten von einem äußerst starken Konkurrenzdruck auszugehen. Über das technologische Potential einer Branche können, insbesondere wenn sie so heterogen ist wie die hier zu untersuchende, nur schwer Aussagen gemacht werden. Soviel läßt sich jedoch feststellen: Wegen einer recht differenzierten Nachfrage herrscht in einigen Bereichen der Branche, vor allem in der Herstellung von Schmuckwaren, nach wie vor eine handwerkliche Fertigung vor, was einem umfangreichen technologischen Potential Grenzen setzt.

Dies schließt natürlich nicht aus, daß in anderen Bereichen der Branche, wie beispielsweise in der Herstellung bestimmter Musikinstrumente, Sportgeräte oder Spielwaren, das technologische Potential durchaus beachtlich und vergleichbar zu jenem in forschungs- und innovationsfreudigen Branchen ist.

Für den Durchschnitt der Branche liegen der Anteil der Aufwendungen für Forschung und Entwicklung (FuE) am Umsatz sowie die FuE-Aufwendungen je Beschäftigten unter dem Wert für das gesamte Verarbeitende Gewerbe (Tabelle 13). Dabei ist jedoch zu berücksichtigen, daß die durchschnittliche Forschungsintensität des Verarbeitenden Gewerbes durch einige wenige Branchen stark angehoben wird, insbesondere durch den Luft- und Raumfahrzeugbau, die Elektrotechnik sowie durch die Feinmechanik/Optik. Läßt man diese Bereiche, die vielfach Lieferanten des technischen Fortschritts sind, außerhalb der Betrachtung, so ist die Herstellung von Musikinstrumenten, Spielwaren, Füllhaltern usw. als durchschnittlich forschungsintensive Branche (gemessen am Anteil der FuE-Aufwendungen am Umsatz) zu bezeichnen. Im Vergleich zu anderen Branchen der Verbrauchsgüterindustrie, der sie in der Statistik zugerechnet wird, so zum Beispiel zur Textilindustrie, ist die Herstellung von Musikinstrumenten, Spielwaren, Füllhaltern usw. sogar überdurchschnittlich forschungsintensiv.

Auch gemessen an den Investitionen für FuE schneidet die Branche nicht ungünstig ab. So lag — einer Erhebung im Rahmen des Ifo-Investitionstests zufolge — der Anteil der FuE-Investitionen an den gesamten Brutto-Anlageinvestitionen in den Jahren 1975 bis 1977 in der Herstellung von Musikinstrumenten, Spielwaren, Füllhaltern usw. mit 3 % etwa so hoch wie im Durchschnitt des Verarbeitenden Gewerbes (Tabelle 27). Die Anstrengungen auf dem Gebiet von Forschung und Entwicklung schlagen sich in der betrachteten Branche sogar bei immerhin einem Zehntel der Unternehmen als Investitionsmotiv nieder (Tabelle 28). Dies ist insofern bemerkenswert, als in der Branche vorwiegend mittelständische Unternehmen tätig sind und in der Regel nur größere Unternehmen über das für die Vornahme von FuE-Investitionen erforderliche Kapital und Personal verfügen. Allerdings wird auch in einigen Bereichen Gemeinschaftsforschung betrieben, so in der Musikinstrumentenherstellung. Für die erste Hälfte der achtziger Jahre deuten die Erhebungsergebnisse auf eine leichte Verstärkung der Forschungs- und Entwicklungsbemühungen hin. Im Durchschnitt des Verarbeitenden Gewerbes sollen jedoch die FuE-Aktivitäten in noch stärkerem Umfang ausgeweitet werden.

Bei der Beurteilung der FuE-Aktivitäten der Herstellung von Musikinstrumenten, Spielwaren, Füllhaltern usw. ist weiterhin zu berücksichtigen, daß die Branche neben ihrem eigenen technologischen Know-how beim Einsatz ihrer Materialien und Maschinen auf Produkte zurückgreift, in denen teilweise recht hohe FuE-Aufwendungen enthalten sind. So haben beispielsweise zahlreiche Bereiche des Musikinstrumentenbaus, der Spielwarenherstellung und der Sportgeräteindustrie erhebliche Impulse aus der Mikroelektronik empfangen. Es ist somit nicht verwunderlich, daß die technische Entwicklung in der zweiten Hälfte der siebziger Jahre als Investitionsanlaß in der Herstellung von Musikinstrumenten, Spielwaren, Füllhaltern usw. eine fast ebenso große Rolle wie im Durchschnitt des Verarbeitenden Gewerbes spielte (Tabelle 28). In der ersten Hälfte der achtziger Jahre dürfte die technische Entwicklung die Investitionstätigkeit der Branche genauso stark anregen wie im gesamten Verarbeitenden Gewerbe. Diese Investitionsimpulse werden — nach Angaben der zum Ifo-Investitionstest meldenden Unternehmen — vor allem von der Energie- und Rohstoffverteuerung sowie von Veränderungen in der Nachfragestruktur ausgehen (Tabelle 28).

β) Neue Produkte

Die Aufwendungen für Forschung und Entwicklung führen häufig über das Bindeglied „Investitionen" zu Innovationen. Diese beinhalten einerseits die Einführung neuer Produkte und andererseits die Einführung neuer Fertigungs- und Verfahrenstechniken sowie die Erhöhung des Mechanisierungs- und Automatisierungsgrades. Was die Einführung neuer Produkte betrifft, so können sich derartige Innovationsaktivitäten entweder auf die Weiterentwicklung vorhandener Produkte oder auf die Schaffung völlig neuer Produkte beziehen. Die Weiterentwicklung erfolgt vor allem in Produktbereichen, deren Absatz die Stagnations- oder Schrumpfungsphase erreicht hat. Hier wird man versuchen, durch Detailänderungen, durch Änderungen der Funktionseigenschaft oder durch die Verwendung neuer Materialien und Vorprodukte den Produkten neue Anwendungen und Abnehmer zu erschließen. In der Herstellung von Musikinstrumenten, Spielwaren, Füllhaltern usw. dürfte in den vergangenen Jahren vor allem dem Einsatz neuer Materialien und Vorprodukte größere Bedeutung zugekommen sein. Zu erinnern ist hier beispielsweise an das Vordringen des Kunststoffs im Spielwaren- und Sportgerätesektor sowie an die zunehmende Verwendung mikroelektronischer Bauelemente bei zahlreichen Spielwaren, aber auch Musikinstrumenten. Was die Entwicklung völlig neuer Produkte betrifft, so dürfte diese Innovationsaktivität in der Vergangenheit gegenüber der Weiterentwicklung bereits vorhandener Produkte geringere Bedeutung gehabt haben. Darauf weist zum Beispiel hin, daß das Investitionsmotiv „Umstellung bzw. Ausweitung des Produktionsprogramms" von den Unternehmen weniger häufig genannt wurde als die „Qualitätsverbesserung" (Tabelle 28). Dem widerspricht nicht, daß es in der hier zu untersuchenden Branche immer wieder Produktinnovationen gibt, die den betroffenen

Unternehmen ein spektakuläres Wachstum des Absatzes bescheren. In diesem Zusammenhang seien als Beispiele aus jüngster Zeit das Surfbrett sowie der Rubik-Würfel genannt. Derartige Innovationen sind in der Branche — verglichen mit dem Durchschnitt des Verarbeitenden Gewerbes — sogar relativ häufig. Belief sich der Anteil derjenigen Unternehmen, die im Jahr 1980 grundlegende Neuerungen bei Produkten durchgeführt haben, in der Herstellung von Musikinstrumenten, Spielwaren, Füllhaltern usw. auf 41 %, so waren es im gesamten Verarbeitenden Gewerbe nur 29 %[28].

Faßt man beide Varianten der Produktinnovation zusammen, so zeigt sich, daß diese in der Herstellung von Musikinstrumenten, Spielwaren, Füllhaltern usw. größere Investitionsimpulse ausgelöst haben als im Verarbeitenden Gewerbe (Tabelle 27, Investitionen zur Änderung des Produktionsprogramms). Man kann dies dahingehend interpretieren, daß die Branche mehr als andere Bereiche der gewerblichen Wirtschaft versucht, mittels einer offensiven Strategie neue Märkte zu erschließen.

γ) Technologie

Innerhalb der Herstellung von Musikinstrumenten, Spielwaren, Fülhalten usw. kommt der Strategie der Prozeßinnovation größere Bedeutung zu als der Kreierung neuer Produkte. Darauf deutet hin, daß der Anteil der Rationalisierungsinvestitionen an den gesamten Brutto-Anlageinvestitionen höher ist als jener der Investitionen zur Änderung des Produktionsprogramms (Tabelle 27)[29]. Auch bei den Investitionsmotiven zeigt sich, daß der Umstellung auf neue Produktionsmethoden und der Rationalisierung größere Bedeutung zukommen als der Umstellung beziehungsweise Ausweitung des Produktionsprogramms und der Qualitätsverbesserung (Tabelle 28). Der Strategie der Prozeßinnovation wird vielfach ein defensiver Charakter zugesprochen, da sie in erster Linie darauf ausgerichtet ist, die Produktionskosten zu senken und auf diese Weise das Ziel verfolgt, den Produktionsstandort in der Bundesrepublik gegen die oftmals „billigere" Auslandskon-kurrenz zu verteidigen.

Prozeßinnovationen können auf der einen Seite beim Mechanisierungs- und Automatisierungsgrad ansetzen und auf der anderen Seite eine Einführung völlig neuer Fertigungs- und Verfahrenstechniken beinhalten. Es hat den Anschein, daß sich in den vergangenen Jahren das Schwergewicht der Prozeßinnovationen zu der letztgenannten Variante verlagert hat, und zwar insbesondere in der Herstellung von Musikinstrumenten und Spielwaren

---

[28] Vgl. J. Gürtler / H. Schmalholz, Innovationsaktivitäten im Verarbeitenden Gewerbe, in: Ifo-Schnelldienst, Nr. 20, 14. Juli 1982, S. 15.

[29] Die in Tabelle 27 ausgewiesenen Prozentzahlen beziehen sich auf die *Ausgabenstruktur* der Investitionen. Sie sind nicht identisch mit den Prozentzahlen, welche die *Zielsetzung* (Tabelle 21) oder die *Motive und Anlässe* der Investitionen (Tabelle 28) betreffen.

(Tabelle 29). Dies dürfte damit zusammenhängen, daß in der Herstellung von Musikinstrumenten, Spielwaren, Füllhaltern usw. — wie in anderen Branchen — der Einsatz von Mikroprozessoren grundlegende Umstellungen in der Fertigungs- und Produktionstechnik nach sich zieht. Nur derartige Umstellungen ermöglichen es den deutschen Unternehmen, laufend eine Innovations-Spitzenreiterposition und damit — in dieser Hinsicht — einen Wettbewerbsvorteil gegenüber der Auslandskonkurrenz zu erlangen. Dazu bestehen in der Bundesrepublik günstige Voraussetzungen, da auf einen leistungsfähigen Maschinenbau zurückgegriffen werden kann. Die enge Kooperation bei der Realisierung von Produkt- und Prozeßinnovationen mit dem Maschinenbau stellt einen zentralen Ansatzpunkt dar, um im Wettbewerb bestehen zu können.

δ) Arbeitsproduktivität

Prozeßinnovationen zielen darauf ab, den Produktionsprozeß produktiver zu gestalten. In erster Linie geht es in der arbeitsintensiven Herstellung von Musikinstrumenten, Spielwaren, Füllhaltern usw. darum, die vergleichsweise teure Arbeitskraft effektiver einzusetzen. Obwohl die Branche in dieser Beziehung in der Vergangenheit — wie ausgeführt — große Anstrengungen unternommen hat, ist das Ergebnis, gemessen an der Arbeitsproduktivität, keinesfalls zufriedenstellend. Der Fortschritt in der Arbeitsproduktivität lag nämlich in der Herstellung von Musikinstrumenten, Spielwaren, Füllhaltern usw. im Untersuchungszeitraum deutlich unter demjenigen des gesamten Verarbeitenden Gewerbes (Tabelle 30). Bei der Beurteilung dieser Fortschrittsrate sind die Besonderheiten der Branche zu berücksichtigen. Obwohl in der Bundesrepublik grundsätzlich auch für die Herstellung von Musikinstrumenten, Spielwaren, Füllhaltern usw. die Möglichkeiten zur Realisierung von Prozeßinnovationen günstig sind, so ist doch zu berücksichtigen, daß die meisten Bereiche der Branche — unter produktionstechnischen Gesichtspunkten — der Fertigungstechnik zuzuordnen sind und diese — im Gegensatz zur Verfahrenstechnik — nur einen relativ niedrigen Stand der Automatisierung ermöglicht. Hinzu kommt, worauf bereits mehrfach hingewiesen wurde, daß in der Branche vielfach noch die Handarbeit vorherrscht. Im langsamen Anstieg der Arbeitsproduktivität dürfte auch die Tatsache zum Ausdruck kommen, daß die Produktion von Musikinstrumenten, Spielwaren, Füllhaltern usw. in den vergangenen Jahren der Tendenz nach stagnierte, was sich ungünstig auf die Wachstumsbedingungen der Branche und damit den Produktivitätsfortschritt ausgewirkt hat.

Der Anstieg der Arbeitsproduktivität wurde in der Branche schwerpunktmäßig von der Substitution von Arbeit durch Kapital, also von der Kapitalintensivierung getragen (Tabelle 31). Demgegenüber kam dem technischen

Fortschritt eine im Vergleich zu anderen Branchen unterdurchschnittliche Bedeutung zu. Dieses Ergebnis deckt sich mit der obigen Aussage, daß Prozeßinnovationen in der Herstellung von Musikinstrumenten, Spielwaren, Füllhaltern usw. relativ schwer zu realisieren waren. Der geringe Beitrag der Verbesserung der Ausbildung der Arbeitskräfte zum Wachstum der Arbeitsproduktivität korrespondiert ebenfalls mit einer an früherer Stelle getroffenen Feststellung, derzufolge das durchschnittliche Qualifikationsniveau der Beschäftigten verhältnismäßig niedrig ist.

4. Marktstruktur und Wettbewerb

a) Angebotsentwicklung

aa) Unternehmensgrößenstruktur

In der Herstellung von Musikinstrumenten, Spielwaren, Füllhaltern usw. waren 1981 schätzungsweise 5 000 Unternehmen tätig (einschließlich Unternehmen des Handwerks). In den siebziger Jahren hat sich die Zahl der Unternehmen mehr oder minder ständig verringert. Sie belief sich 1976 (also in dem Jahr, in dem die Umstellung der Statistik auf die SYPRO erfolgte) auf etwa 5 400. Läßt man die Herstellung von Füllhaltern usw. sowie die Foto- und Filmlabors außerhalb der Betrachtung, so erreichte die Zahl der Unternehmen im Jahr 1976 rund 4 800[30]. Zu Beginn des Untersuchungszeitraums, also im Jahr 1965, waren in der Herstellung von Musikinstrumenten, Spielwaren, Schmuck und Sportgeräten etwa 6 000 Unternehmen tätig.

Der Rückgang der Zahl der Unternehmen in den siebziger Jahren ging vor allem zu Lasten der Handwerksunternehmen, also insbesondere zu Lasten der kleineren Unternehmen. Während im Jahr 1967 noch rund 4 000 Handwerksunternehmenm zur Herstellung von Musikinstrumenten, Spielwaren, Schmuck und Sportgeräten[31] zählten (Tabelle A1), waren es 1976 nur noch knapp 2 900 Unternehmen; dies entspricht einem Rückgang von fast 30 %. Im selben Zeitraum ging die Zahl der industriellen Unternehmen von 2 200 auf etwa 1 850, also um lediglich 17 %, zurück.

Betrachtet man nur die Unternehmen mit 20 und mehr Beschäftigten (Tabelle 32), so ist im Untersuchungszeitraum — auch unter Berücksichtigung des Bruchs in den Daten von 1975 auf 1976 — ebenfalls eine steigende Bedeutung der kleineren Unternehmen zu erkennen. Die Unternehmen mit 20 bis 49 Beschäftigten konnten zwischen 1965 und 1978 ihren Anteil sowohl

[30] Systematik der Wirtschaftszweige Nr. 258.

[31] Systematik der Wirtschaftszweige Nr. 258.

an der Zahl der Unternehmen als auch an der Zahl der Beschäftigten erhöhen (Tabelle 32). Dies gelang auch den mittelgroßen Unternehmen mit 200 bis 499 Beschäftigten, während die Unternehmen mit 500 Beschäftigten und mehr Anteilsverluste hinnehmen mußten. Offenbar sind in der betrachteten Branche die Produktions- und Absatzbedingungen für mittelgroße Unternehmen relativ günstig, insbesondere für solche Unternehmen, die einerseits flexibel genug sind, um sich den sich vielfach ändernden Verbraucherwünschen rasch anpassen zu können und die andererseits auch groß genug sind, um kostengünstig zu produzieren und neue Produkte entwickeln zu können. Den großen Unternehmen fehlt es dagegen oftmals an der nötigen Flexibilität, um auf dem differenzierten Markt für Musikinstrumente, Spielwaren, Schmuck und Sportgeräten erfolgreich operieren zu können. Aber auch die ganz kleinen Unternehmen sind auf dem betrachteten Markt nur bedingt lebensfähig, wie der starke Rückgang der Handwerksunternehmen beweist. Dies liegt in erster Linie an deren relativ kostenungünstiger Fertigungsweise, was ihre Wettbewerbsfähigkeit insbesondere gegenüber den ausländischen Herstellern beeinträchtigt. Lediglich für solche kleine Unternehmen, die ganz spezielle Marktsegmente bedienen und die sich auf die Herstellung hochwertiger Waren beschränken, bestehen gute Absatzchancen.

Gemessen an der Zahl der Beschäftigten liegt das Schwergewicht der Branche bei den Unternehmen mit 200 bis 499 Beschäftigten (Tabelle 33). Die Branche hat damit einen ausgesprochen mittelständischen Charakter und unterscheidet sich in dieser Hinsicht deutlich vom Durchschnitt des Verarbeitenden Gewerbes, in dem das Schwergewicht — gemessen an den Beschäftigten und am Umsatz — bei den Unternehmen mit 1 000 und mehr Beschäftigten liegt (Tabelle 33). Dieser Unterschied in der Größenstruktur kommt auch darin zum Ausdruck, daß in der Herstellung von Musikinstrumenten, Spielwaren, Füllhaltern usw. — prozentual gesehen — weit mehr Unternehmen als im Durchschnitt des Verarbeitenden Gewerbes dazu beitragen müssen, um einen bestimmten Anteilssatz, z. B. 30 %, an den Beschäftigten der Branche beziehungsweise des gesamten Verarbeitenden Gewerbes zu erreichen (Tabelle 34).

Entsprechend dem mittelständischen Charakter ist die Konzentration in der Branche relativ niedrig. So entfielen im Jahr 1979 auf die zehn umsatzgrößten Unternehmen etwa 18 % des Umsatzes der gesamten Wirtschaftsgruppe[32]. Damit liegt die Herstellung von Musikinstrumenten, Spielwaren, Füllhaltern usw. am Ende einer Rangskala sämtlicher Branchen; nur noch wenige Bereiche wie z. B. das Textil- und Bekleidungsgewerbe sowie das Ernährungsgewerbe sind weniger stark konzentriert. Gemessen am Umsatzanteil der zehn größten Unternehmen hat zwar die Konzentration in der

[32] Quelle: Viertes Hauptgutachten der Monopolkommission 1980/81, Deutscher Bundestag, 9. Wahlperiode, 2.8.1982.

Herstellung von Musikinstrumenten, Spielwaren, Füllhaltern usw. seit 1968 zugenommen (damals belief sich der Anteilssatz auf 15 %). In den meisten anderen Branchen schritt jedoch der Konzentrationsprozeß wesentlich schneller fort.

In mittelständisch strukturierten Branchen fallen Unternehmen und Betrieb vielfach zusammen. Dies gilt auch für die Herstellung von Musikinstrumenten, Spielwaren, Füllhaltern usw. Von den 675 Unternehmen mit 20 Beschäftigten und mehr, die im Jahr 1981 in der Branche tätig waren, waren 620 sogenannte Einbetriebsunternehmen, das heißt 92 %. Im Durchschnitt des Verarbeitenden Gewerbes belief sich diese Relation auf 87 %.

bb) Entwicklung der Kapazitäten

Die Kapazitäten[33] in der Herstellung von Musikinstrumenten, Spielwaren, Füllhaltern usw. sind zwar zwischen 1965 und 1973 mit einem Wachstum von 25 % weniger stark erhöht worden als im Durchschnitt des Verarbeitenden Gewerbes (40 %, Tabelle 35), gleichwohl nimmt sich der Kapazitätsanstieg in der Branche im Verhältnis zum Produktionswachstum im gleichen Zeitraum (8 %) als recht erheblich aus. In der Schaffung zusätzlicher Kapazitäten in der Branche spiegelt sich die Erweiterungswelle der Jahre 1968 bis 1973 wieder. Bemerkenswerterweise hatte jedoch die zweite Erweiterungswelle der Jahre 1977 bis 1979 eine weit geringere Auswirkung auf die Kapazitäten; diese nahmen — nachdem sie zwischenzeitlich bis 1976 leicht abgebaut wurden — bis Anfang der achtziger Jahre nur noch marginal zu (Tabelle 35). Die Ursache dafür dürfte darin liegen, daß gleichzeitig mit den Kapazitätserweiterungen zahlreiche Kapazitäten, die infolge zunehmender Auslandskonkurrenz nicht mehr wettbewerbsfähig waren, abgebaut wurden, so daß per Saldo nur ein leichter Kapazitätsanstieg resultierte.

b) Nachfrageentwicklung

aa) Längerfristige Entwicklung und Struktur des Verbrauchs

Die Nachfrage nach Musikinstrumenten, Spielwaren, Füllhaltern usw.[34] nahm von 1965 bis 1981 mit durchschnittlich 7 % pro Jahr (auf der Basis

[33] Gemessen am potentiellen Produktionsvolumen.

[34] Als Indikator für die (Inlands-)Nachfrage wird die rechnerische Marktversorgung des Inlands (entspricht der Inlandsverfügbarkeit, die als Umsatz abzüglich Export zuzüglich Import definiert ist) herangezogen. Sie unterscheidet sich von der tatsächlichen Marktversorgung durch Veränderungen der Lagerbestände im Produktions- und Distributionssektor. Im Rahmen einer langfristigen Analyse kann jedoch die rechnerische Inlandsmarktversorgung mit der tatsächlichen Inlandsnachfrage gleichgesetzt werden.

nominaler Werte) nahezu ebenso schnell zu wie das gesamte Bruttoinlandsprodukt (fast 8 % pro Jahr). Aus der Entwicklung beider Reihen errechnet sich ein Elastizitätskoeffizient von 0,95, das heißt bei einem Anstieg des Bruttoinlandsprodukts um 1 % nahm im Zeitraum von 1965 bis 1981 die Nachfrage nach Musikinstrumenten, Spielwaren, Füllhaltern usw. um 0,95 % zu. Bei Ausschaltung des Preisanstiegs ergibt sich jedoch ein niedrigerer Elastizitätskoeffizient, da sich die Preise für die Güter der untersuchten Branche mit durchschnittlich 6 % pro Jahr stärker erhöhten als die Preise für das Bruttoinlandsprodukt (+ 5 % pro Jahr). Dabei ist allerdings zu berücksichtigen, daß der überdurchschnittliche Preisanstieg der Güter der untersuchten Branche in erster Linie aus einer erheblichen Verteuerung der Schmuckwaren in den Jahren 1979 bis 1980 resultierte. Schaltet man diese Sonderfaktoren aus, so ist auch bei realer Betrachtungsweise die Nachfrage nach Musikinstrumenten, Spielwaren, Füllhaltern usw. durch einen Elastizitätskoeffizienten gekennzeichnet, der nahe bei 1 liegt.

Diese Aussage gilt allerdings nur für den *Durchschnitt* des Untersuchungszeitraums. Da in den Jahren 1981 und 1982 die Nachfrage nach den Erzeugnissen der Branche rückläufig war, bestehen erhebliche Zweifel daran, ob der genannte Elastizitätskoeffizient auch noch in neuerer Zeit Gültigkeit besitzt. Man kann diese Frage noch nicht eindeutig klären, da der Beobachtungszeitraum hierfür noch zu kurz ist. Zum Teil ist der Rückgang der Nachfrage in neuerer Zeit sicherlich bedingt durch konjunkturelle und sonstige kurzfristig wirkende Einflüsse[35]. Andererseits ist jedoch nicht zu verkennen, daß zumindest in Teilbereichen der Branche eine strukturell bedingte Kaufzurückhaltung besteht. Besonders große Bedeutung dürfte diese bei Turn- und Sportgeräten, wie die Entwicklung der Inlandsverfügbarkeit von 1980 auf 1981 zeigt (Tabelle 36), gehabt haben[36]. Hier kommen eindeutig Sättigungserscheinungen bei bestimmten Sportgeräten zum Ausdruck. Offenbar nähert sich die rasche Expansion der Nachfrage nach Turn- und Sportgeräten, die in einer Verdoppelung des Anteils an der Inlandsverfügbarkeit sämtlicher Güter der Branche zwischen 1965 und 1980 zum Ausdruck kommt (Tabelle 37), dem Ende. In dieser Entwicklung spiegelt sich auch der eingeengte Finanzierungsspielraum der „öffentlichen Hände“ wider. Die Nachfrage nach Schmuckwaren und Edelsteinen hat schon seit Mitte der siebziger Jahre an Dynamik eingebüßt. Demzufolge hat sich ihr Anteil an der Inlandsverfügbarkeit an Musikinstrumenten, Spielwaren, Füllhaltern usw. im Untersuchungszeitraum vermindert. Mit erhebli-

---

[35] Darauf wird in II.4.b) cc) eingegangen.

[36] Bei der Interpretation der Daten der Tabelle 36 (und auch jener von Tabelle 37) ist nicht nur zu berücksichtigen, daß kurzfristig die rechnerische Inlandsmarktversorgung (= Inlandsverfügbarkeit) und die tatsächliche Inlandsnachfrage nicht immer übereinstimmen, sondern auch infolge Umstellung in der Statistik die Daten für die Jahre 1976 bis 1978 mit einem mehr oder weniger großen Unsicherheitsbereich behaftet sind.

chen Absatzschwierigkeiten haben in jüngster Zeit auch die Hersteller von Spielwaren zu kämpfen. Eine relativ stetige und teilweise steil nach oben gerichtete Nachfrageentwicklung war demgegenüber bei Musikinstrumenten sowie bei Erzeugnissen der Foto- und Filmlabors zu beobachten; diese beiden Bereiche konnten im gesamten Untersuchungszeitraum ihren Anteil an der Inlandsverfügbarkeit sämtlicher Güter der Branche kontinuiuerlich erhöhen (Tabellen 36 und 37). Allerdings ist nicht zu übersehen, daß sich insbesondere bei der Nachfrage nach Erzeugnissen der Foto- und Filmlabors in jüngster Zeit eine Verlangsamung der bisher äußerst dynamischen Entwicklung ankündigt.

bb) Bestimmungsfaktoren der Nachfrage

Die zu untersuchende Wirtschaftsgruppe setzt sich — wie gezeigt — in der Abgrenzung des Statistischen Bundesamts aus zehn Fachzweigen zusammen. Diese Fachzweige sind, vergleicht man sie unter Absatzgesichtspunkten, teilweise recht heterogen. Gleichwohl zeigen sie auch gewisse „verwandtschaftliche" Züge, die es rechtfertigen, die Nachfrageentwicklung für die Wirtschaftsgruppe insgesamt zu analysieren. In diesem Zusammenhang ist vor allem darauf hinzuweisen, daß die meisten Güter der Branche überwiegend solche Bedürfnisse der Konsumenten befriedigen, die entweder mit der Freizeit oder mit dem „Sich-Schmücken" zu tun haben. Eine Ausnahme macht eigentlich nur die Herstellung von Füllhaltern und Stempeln, die mit den sonstigen Fachzweigen unter Absatzgesichtspunkten überhaupt keine Gemeinsamkeiten besitzen.

Die langfristige Entwicklung der Nachfrage nach Musikinstrumenten, Spielwaren, Füllhaltern usw. wird von einem Bündel von Faktoren bestimmt. Dabei spielen nicht nur materielle Faktoren wie das Einkommen, die Nachfrage der „öffentlichen Hand" und die Preise eine Rolle, sondern auch die Bevölkerungsentwicklung und -struktur sowie die Innovationsrate der Branche[37].

Was den Einfluß der Preise betrifft, so kann bei den Gütern der hier betrachteten Branche nicht immer von einem „normalen" Konsumentenverhalten (das sich darin zeigt, daß ein hoher Preis eine geringe Nachfrage auslöst) ausgegangen werden. Vielmehr ist es bei der Nachfrage nach einigen Produkten wie beispielsweise bestimmten Sportgeräten und Schmuckwaren so, daß die Käufer aus Prestigegründen häufig bereit sind, einen hohen Preis zu bezahlen. Bei den Kaufentscheidungen von Schmuckwaren kommt hinzu, daß diese in Zeiten stark steigender Preise vielfach als Wertanlage angesehen und erworben werden.

[37] Fragen der Innovation wurden in II.3.b) jj) angesprochen.

Erheblichen Einfluß auf die Nachfrage nach Sportgeräten, Musikinstrumenten und vor allem Spielwaren übt die Bevölkerungsentwicklung und -struktur aus. Positive Nachfrageimpulse gingen bis Mitte der siebziger Jahre von einer Zunahme der besonders sport- und spielfreudigen Altersgruppen der 6- bis 21-jährigen aus (Tabelle 38). Allerdings hat sich seitdem aufgrund eines Rückgangs der Geburtenzahlen die Zahl der 6- bis 15-jährigen verringert. Dieser Rückgang hat besonders die Absatzchancen jener Hersteller negativ tangiert, die Spielwaren, Sportgeräte und Musikinstrumente speziell für kleinere Kinder herstellen. Diese Produzenten waren jedoch im allgemeinen flexibel genug, um auf die Verschiebungen in der Bevölkerungsstruktur in Richtung älterer Jahrgänge mit einem veränderten Angebotsprogramm zu reagieren; dies gilt nicht zuletzt für die Spielwarenproduzenten. Im übrigen ist darauf hinzuweisen, daß ja Spielwaren schon seit langem nicht nur für die jüngere, sondern häufig auch für die mittlere und ältere Generation bestimmt sind. In diesem Zusammenhang sind beispielsweise Modelleisenbahnen zu erwähnen.

Die Altersgruppe der 21- bis 60-jährigen dürfte, obwohl sie im Untersuchungszeitraum zahlenmäßig kaum zugenommen hat, die potenteste Nachfragegruppe für Sportgeräte sein. Ausschlaggebend dafür war sicherlich die in den vergangenen Jahren aufkommende „Gesundheits-Welle". Diese „Welle" wäre jedoch nicht möglich gewesen, wenn einerseits sich die Einkommenssituation nicht ständig verbessert hätte und wenn andererseits die Arbeitszeit nicht laufend verkürzt worden wäre oder umgekehrt: wenn die Freizeit nicht zugenommen hätte. „Ein auf Aktivität und Mobilität, Geselligkeit und Lebensgenuß ausgerichtetes Freizeitverständnis"[38] hat wichtige Wachstumsmärkte entstehen lassen. Dazu zählen vor allem der Reisemarkt und die Heimwerkermärkte, aber auch Teilbereiche der Märkte für Spielwaren, Musikinstrumente und Sportgeräte.

Die Dynamik des Freizeitkonsums läßt sich anhand der Entwicklung des Aufwands der privaten Haushalte für Freizeitgüter darstellen[39]. Im Jahr 1980 gaben die 2-Personen-Haushalte von Renten- und Sozialhilfeempfängern monatlich fast 107 DM für den Freizeitkonsum aus. Das war — gemessen an 1965 — gut fünfmal so viel. Dabei wurden — teilt man den Untersuchungszeitraum in Jahrfünfte ein — durchwegs zweistellige

[38] Vgl. Wenig Sparneigung bei Freizeitbedürfnissen, in: Freizeitbrief Nr. 13/81, Oktober 1981, BAT-Freizeit-Forschungsinstitut, Hamburg.

[39] Dazu zählen folgende Aufwendungen: „Bücher, Broschüren, Zeitungen, Zeitschriften; Rundfunk, Fernsehen u.ä. einschließlich Gebühren; Kraftfahrzeug (30 % der laufenden Aufwendungen für das Kraftfahrzeug außerhalb des Urlaubs); Sport und Camping; Gartenpflege und Tierhaltung; Spiele und Spielzeug; Besuch von Bildungs- und Unterhaltungsstätten (ohne Besuch von Sportveranstaltungen); Fotografieren, Filmen (ohne Kosten für Entwickeln und Kopieren, die im sonstigen Freizeitbedarf enthalten sind); Handwerkzeug, -maschinen, sonstige hochwertige Gebrauchsgüter, soweit nicht anders erfaßt; Sonstiger Freizeitbedarf; Urlaub.

Zuwachsraten erzielt (Tabelle 39). Bei den Arbeitnehmerhaushalten mit mittlerem Einkommen haben sich die Aufwendungen für Freizeitgüter im Zeitraum 1965/80 von knapp 100 DM auf über 400 DM je Monat erhöht, also mehr als vervierfacht. Besonders stark gestiegen sind die diesbezüglichen Aufwendungen im Jahrfünft 1970/75 (mit einer durchschnittlichen Rate von 16 %), aber auch in den beiden anderen betrachteten Zeiträumen erhöhten sich die Aufwendungen im Durchschnitt jährlich um über 7 % (Tabelle 40). Die Ausgaben für Freizeitgüter von Haushalten mit höherem Einkommen haben sich zwischen 1965 und 1980 zwar nur verdreifacht (von 234 DM auf 737 DM), doch ist bei der Interpretation der Ausgaben dieses Haushaltstyps das relativ hohe Ausgabenniveau im Jahr 1965 zu berücksichtigen. Bemerkenswert ist auch, daß das durchschnittliche Wachstum der Aufwendungen in den siebziger Jahren wesentlich höher lag als in der zweiten Hälfte der sechziger Jahre (Tabelle 41).

Obwohl sich also beim Wachstum der Aufwendungen für Freizeitgüter eine Abstufung nach Haushaltstypen dergestalt ergibt, daß, je höher das Einkommen desto niedriger das Wachstum der Freizeitausgaben, so sind die Präferenzen für den Freizeitkonsum, mißt man diesen an der Entwicklung des ausgabefähigen Einkommens, in allen Haushaltstypen in etwa gleich stark ausgeprägt. Je Prozent Einkommenszuwachs erhöhten sich zwischen 1965 und 1980 die Aufwendungen für Freizeitgüter

— in den Haushalten von Renten- und Sozialhilfeempfängern um 1,37 Prozent,

— in den Arbeitnehmerhaushalten mit mittlerem Einkommen um 1,34 Prozent

— in den Haushalten von Beamten und Angestellten mit höherem Einkommen um 1,37 Prozent[40].

Im Zuge dieser Entwicklung nahm im Untersuchungszeitraum in allen drei Haushaltstypen der Anteil der Aufwendungen für Freizeit am Einkommen zu, und zwar bei den Renten- und Sozialhilfeempfängern sowie bei den Beamten- und Angestelltenhaushalten um jeweils knapp 3 Prozentpunkte, bei den Arbeiterhaushalten um 4 Prozentpunkte (Tabellen 39 bis 41).

Innerhalb des Freizeit-Budgets haben die Ausgaben für Urlaub bis 1980 der Tendenz nach an Bedeutung gewonnen. In jüngster Vergangenheit hat sich diese Tendenz allerdings nicht bei allen Haushaltstypen fortgesetzt. Die Ausgaben für den Urlaub stagnierten nämlich 1981 bei den Haushaltstypen 1 und 2, lediglich der Haushaltstyp 3 erhöhte seine diesbezüglichen Aufwendungen um knapp 3 %. Demgegenüber war die Ausgabenfreudigkeit der Haushalte in bezug auf die übrigen Freizeitgüter nahezu ungebrochen. Dies

[40] Vgl. E. Hemmer, Freizeitaufwand im Konjunkturverlauf, in: iw-trends, Nr. 1/82, S. 39.

gilt insbesondere für die Ausgaben für Spiele und Spielzeug; diese stiegen 1981 beim Haushaltstyp 2 überdurchschnittlich (gemessen am ausgabefähigen Einkommen), bei den Haushaltstypen 1 und 3 in durchschnittlichem Maß. Die andere hier besonders interessierende Ausgabenposition, nämlich die Ausgaben für Sport und Camping[41], haben 1981 lediglich beim Haushaltstyp 2 zugenommen. In den Haushaltstypen 1 und 3 waren die diesbezüglichen Ausgaben rückläufig.

Der Anteil der Aufwendungen für Sport und Camping sowie für Spiele und Spielzeug an den gesamten Aufwendungen für Freizeitgüter ist im Haushaltstyp 2 von 1980 auf 1981 gestiegen, und zwar von 7,9 % auf 8,2 % bzw. von 4,3 % auf 4,7 %. In den Haushaltstypen 1 und 3 waren die entsprechenden Anteile im Jahre 1981 — im Vergleich zu 1980 — gleich geblieben oder rückläufig. Im längerfristigen Vergleich (1971 bis 1981) zeigt sich für alle drei Haushaltstypen ein mehr oder weniger starker Rückgang dieser Anteilswerte (Tabelle 42). Dies ist vor allem darauf zurückzuführen, daß die Aufwendungen für Urlaub sowie für den sonstigen Freizeitbedarf, der unter anderem den „Do-it-yourself"-Komplex enthält, zwischen 1971 und 1981 stark gestiegen sind. Vergleicht man dagegen die Entwicklung der Aufwendungen für Sport und Camping sowie für Spiele und Spielzeug mit derjenigen des ausgabefähigen Einkommens, so ist in allen drei Haushaltstypen nur ein minimales Absinken des Anteils zu beobachten (Tabelle 43). Mit anderen Worten: Die Ausgaben für Sport und Camping sowie für Spiele und Spielzeug haben in dem betrachteten Zeitraum mit der Entwicklung der Einkommen nahezu Schritt gehalten.

Für einzelne Bereiche der hier untersuchten Wirtschaftsgruppe, insbesondere für die Herstellung von Musikinstrumenten sowie von Turn- und Sportgeräten spielt auch die Nachfrage des Staates, insbesondere der Kommunen eine große Rolle. Bis Ende der siebziger Jahre war diese Nachfrage recht expansiv. Wegen der steigenden Defizite in den öffentlichen Haushalten haben die „öffentlichen Hände" seit Anfang der achtziger Jahre jedoch erhebliche Abstriche an der diesbezüglichen Nachfrage vorgenommen.

cc) Konjunkturempfindlichkeit

Die nominale Nachfrage nach Musikinstrumenten, Spielwaren, Füllhaltern usw. — gemessen an der Inlandsverfügbarkeit — hat bis 1980 Jahr für Jahr zugenommen (Tabelle 44)[42]. Im Vergleich zur Entwicklung des Bruttoinlandsprodukts zeigt die Nachfrage jedoch eine erhebliche Schwankungs-

[41] Erzeugnisse des Sektors „Camping" zählen nicht zu der hier untersuchten Branche „Herstellung von Musikinstrumenten, Spielwaren, Füllhaltern usw.".

[42] Bei der Interpretation der Daten von Tabelle 44 sind die gleichen Vorbehalte anzubringen wie für die Daten der Tabellen 36 und 37.

intensität. Mißt man diese mit Hilfe des sogenannten Elastizitätskoeffizienten, so war in den Jahren 1972, 1975 sowie 1977 und 1978 die Zunahme der Nachfrage nach Musikinstrumenten, Spielwaren, Füllhaltern usw. überproportional, in den Jahren 1973 und 1974 unterproportional; 1981 nahm die nominale Nachfrage sogar ab. Die Jahre mit Elastizitätskoeffizienten von weit über 1 waren im allgemeinen Jahre konjunktureller Aufwärtsentwicklung der Gesamtwirtschaft (eine Ausnahme macht lediglich das Jahr 1975, in dem die gesamtwirtschaftliche Leistung rückläufig war), jene mit Elastizitätskoeffizienten von weit unter 1 Jahre konjunktureller Abwärtsentwicklung (die Ausnahme ist hier das Jahr 1973, das noch im Zeichen des Aufschwungs stand). Daraus folgt, daß sich in der Entwicklung der Nachfrage nach den Gütern der untersuchten Branche konjunkturelle Schwankungen verstärkt widerspiegeln. Dabei zeigt sich von Fachzweig zu Fachzweig ein unterschiedlicher Grad der Konjunkturabhängigkeit. Äußerst konjunkturabhängig ist beispielsweise die Nachfrage nach Schmuckwaren, während die Nachfrage nach Musikinstrumenten von Konjunkturschwankungen weniger berührt wird.

Kurzfristig ist jedoch die Nachfrage nach Musikinstrumenten, Spielwaren, Füllhaltern usw. nicht nur durch konjunkturelle Faktoren bestimmt, sie unterliegt auch in erheblichem Maße Witterungs- und modischen Einflüssen. Während Witterungseinflüsse praktisch auf den Bereich der Nachfrage nach Sportgeräten beschränkt bleiben, sind von modischen Einflüssen alle Produktgruppen der betrachteten Branche betroffen. In erster Linie ist hier die Schmuckwarenbranche angesprochen, aber auch im Bereich der Sportgeräte, Musikinstrumente und Spielwaren gibt es sogenannte modische Wellen, die oft kurzfristig zu ungeahnten Nachfragestößen führen können.

Dies war beispielsweise in den Jahren 1979 und 1980 der Fall, als neue Produkte vor allem im Spielwaren- und Sportgerätesektor zu kurzfristigen Verkaufserfolgen führten.

Nachfrageschwankungen können darüber hinaus ihre Ursache auch in mehr mittelfristig angelegten Entwicklungen haben. Vor allem in der Sportartikelindustrie sind im Laufe der zweiten Hälfte der siebziger Jahre beträchtliche Überkapazitäten aufgebaut worden, die nach Auslastung drängten. So übertraf in den Jahren 1979 und 1980 die rechnerische Inlandsmarktversorgung aufgrund einer erheblichen Aufstockung der Lagerbestände die tatsächliche Inlandsnachfrage. Als Reaktion darauf wurde vor allem im Jahr 1981 zu einem großen Teil „ab Lager“ verkauft, was einen starken Rückgang der Inlandsmarktversorgung zur Folge hatte.

c) Kosten- und Preisentwicklung

Ziel jeder unternehmerischen Tätigkeit ist die Erhaltung beziehungsweise Verbesserung der (Preis-)Wettbewerbsfähigkeit und der Rentabilität der Produktion. Dieses Ziel kann einmal durch eine Senkung der realen Produktionskosten, oder anders ausgedrückt, durch eine Produktivitätssteigerung erreicht werden. Zum anderen kann das Unternehmen sein Produktionsprogramm zugunsten solcher Produkte umstrukturieren, die aufgrund von Vorteile bei nichtpreislichen Wettbewerbsfaktoren (z. B. Qualität, Stand der Technik) am Markt eine günstigere Kosten-Erlös-Situation versprechen. Eine derartige Umstrukturierung muß nicht notwendigerweise — wie das beim Produktivitätsanstieg der Fall ist — mit einer Verringerung des gesamten realen Faktoreinsatzes verbunden sein. Vielmehr kann, wenn der Umstrukturierungsprozeß zugunsten forschungs- und know-how-intensiver Produkte erfolgt, der spezifische Faktoreinsatz insgesamt sogar steigen.

Im Abschnitt II.3.b) wurden die Maßnahmen, die eine Verbesserung der (Preis-)Wettbewerbsfähigkeit und der Rentabilität der Produktion herbeiführen können — also einerseits insbesondere die Substitution von sich relativ verteuernden Faktoren durch andere billigere Produktionsfaktoren und andererseits die Umstrukturierung des Produktionsprogramms — ausführlich diskutiert. Im folgenden sollen zunächst die Ergebnisse dieser Maßnahmen dargestellt werden. Dies ist einmal die Kostenentwicklung, zum anderen die Entwicklung der Preise. Die Entwicklung der Ertragslage ergibt sich dann aus dem Zusammenspiel dieser beiden Komponenten.

aa) Kosten

Die Produktivitätsschwäche, die in der Herstellung von Musikinstrumenten, Spielwaren, Füllhaltern usw. vor allem in den letzten Jahren deutlich wurde, hat die Voraussetzungen, dem Kostenanstieg bei den Produktionsfaktoren erfolgreich begegnen zu können, erschwert. Was die Vorleistungen betrifft, die in erster Linie Rohstoffe und Energie beinhalten, so hat sich deren Anteil am Produktionswert im Untersuchungszeitraum der Tendenz nach erhöht (Tabelle 45). Bemerkenswert dabei ist, daß die Ausschläge des Anteils nach oben und unten wesentlich ausgeprägter waren als im Durchschnitt des Verarbeitenden Gewerbes. Hierin kommt in erster Linie die Tatsache zum Ausdruck, daß im Bereich Schmuckwaren die Preisschwankungen der verarbeiteten Rohstoffe äußerst groß sind. Über den gesamten Untersuchungszeitraum hinweg gesehen hat jedoch der Anteil der Vorleistungen am Produktionswert in der Branche nicht stärker zugenommen als im Verarbeitenden Gewerbe. Dies dürfte weniger an einer Rationalisierung des Energie- und Rohstoffeinsatzes gelegen haben als vielmehr an einer relativ erfolgreichen Produktpolitik, die es erlaubte, verhältnismäßig günstige Preise beim Absatz zu erzielen.

Die ständig steigenden Arbeitskosten konnten dagegen von der Absatzseite her gesehen nicht voll aufgefangen werden. Obwohl sich die Bruttolohnsumme je geleisteter Arbeiterstunde im Zeitraum 1965/81 mit durchschnittlich 9 % pro Jahr etwas weniger erhöhte als im gesamten verarbeitenden Gewerbe (+ 9,2 %), stiegen in der Herstellung von Musikinstrumenten, Spielwaren, Füllhaltern usw. die Lohnstückkosten[43] weit überdurchschnittlich an (Tabelle 46).

Die Lohnstückkosten geben das Verhältnis einer *nominalen* Kostengröße (nämlich der Lohn- und Gehaltssumme) zu dem mit *konstanten* Preisen bewerteten Produktionsergebnis wieder. Was jedoch für eine Branche letztlich zählt, ist nicht die Menge der produzierten Güter, sondern es sind die Umsätze, aus denen die Einkommen der am Produktionsprozeß beteiligten Personen bezahlt werden. Setzt man die Arbeitseinkommen zum Umsatz in Beziehung, so zeigt sich, daß die so definierte Lohnquote der Herstellung von Musikinstrumenten, Spielwaren, Füllhaltern usw. bis Mitte der siebziger Jahre der Tendenz nach gestiegen ist (Tabelle 46). In den Jahren 1976 und 1977 war die Lohnquote stark rückläufig, während seitdem eine gewisse Stabilisierung eingetreten ist. Diese Stabilisierung dürfte — ähnlich wie die Entwicklung der bereits angesprochenen Vorleistungsquote — durch die Umstrukturierung des Produktionsprogramms zugunsten solcher Produkte bedingt gewesen sein, die aufgrund von Vorteilen bei nicht-preislichen Wettbewerbsfaktoren relativ günstige Erlöse bringen. Allerdings ist nicht zu verkennen, daß die Lohnquote der Herstellung von Musikinstrumenten, Spielwaren, Füllhaltern usw. nach wie vor über jener für den Durchschnitt des verarbeitenden Gewerbes liegt; im Untersuchungszeitraum hat sich der Abstand zwischen beiden Größen sogar erhöht (Tabelle 46). Dies ist auf die hohe Arbeitsintensität in der Fertigung von Musikinstrumenten, Spielwaren, Füllhaltern usw. zurückzuführen, die einer Mechanisierung nur in Grenzen zugänglich ist.

Läßt man die Vorleistungen, die zur Wertschöpfung nichts beitragen, außerhalb der Betrachtung und bezieht die Personalkosten auf die Bruttowertschöpfung[44], so zeigt diese Relation — wie die Lohnquote — bis Mitte der siebziger Jahre steigende Tendenz, um dann nach einem scharfen Abfall im Jahr 1975 in Stagnation einzumünden. Im Jahr 1978 lag die Relation in etwa auf dem Niveau von 1970. Bemerkenswert ist, daß der Anteil der Personalkosten an der Bruttowertschöpfung seit Mitte der siebziger Jahre niedriger ist als der entsprechende Durchschnittswert für das Verarbeitende Gewerbe (Tabelle 47).

[43] Lohn- und Gehaltssumme im Verhältnis zum effektiven Nettoproduktionsvolumen.

[44] Bruttowertschöpfung = Produktionswert abzüglich Vorleistungen.

Die Abschreibungen haben bis Mitte der siebziger Jahre einen steigenden Teil der Bruttowertschöpfung der Herstellung von Musikinstrumenten, Spielwaren, Füllhaltern usw. beansprucht (Tabelle 47). Als Folge der Investitionsschwäche in der zweiten Hälfte der siebziger Jahre hat sich der Anteil der Abschreibungen an der Bruttowertschöpfung wieder zurückgebildet. Im Vergleich zum Durchschnitt des Verarbeitenden Gewerbes liegt dieser relativ niedrig, was angesichts der geringen Kapitalintensität der Herstellung von Musikinstrumenten, Spielwaren, Füllhaltern usw. nicht überraschend ist.

bb) Preise

Wie bereits erwähnt, haben es die Hersteller von Musikinstrumenten, Spielwaren, Füllhaltern usw. in den vergangenen Jahren vielfach verstanden, ihr Produktionsprogramm ständig so umzugestalten, daß ein Großteil der angebotenen Produkte — zumindest in den Augen der Verbraucher — den Charakter der Neuheit trug. Dies schlug sich in einer für die Branche recht günstigen Entwicklung der Erzeugerpreise für den Inlandsabsatz nieder: Von 1965 bis 1981 haben sich diese in der Herstellung von Musikinstrumenten, Spielwaren, Füllhaltern usw. mit 6,2 % pro Jahr wesentlich stärker erhöht als im Durchschnitt des Verarbeitenden Gewerbes (3,8 % pro Jahr, vgl. auch Tabelle 48). Dabei ist allerdings zu berücksichtigen, daß ein Teil dieses überdurchschnittlichen Anstiegs der Erzeugerpreise durch besondere Charakteristika der Branche bedingt ist. Dies ist einmal die hohe Arbeitsintensität der Fertigung, die Lohnerhöhungen relativ schnell auf die Preise durchschlagen läßt; zum anderen ist der starke Anstieg der Erzeugerpreise insbesondere in den Jahren 1974/75 und 1980/81 nicht nur eine Folge des allgemeinen Ölpreisschubs, sondern auch eine Folge der Preisexplosion bei den in der Schmuckwarenbranche verarbeiteten Rohstoffen.

cc) Erträge

Steigende Rohstoffpreise können kurzfristig die Ertragslage[45] der Branche stark beeinträchtigen. Dies zeigte sich beispielsweise im Jahr 1974 (Tabelle 47), wobei jedoch zu berücksichtigen ist, daß in diesem Jahr auch die niedrige Kapazitätsauslastung einen negativen Einfluß auf die Ertragslage ausübte. In den Jahren bis 1977 hat sich dann die Ertragslage — im Zuge der konjunkturellen Erholung — wieder gebessert, jedoch dürfte sie in den

[45] Als Indikator für die Ertragslage wird das Einkommen aus Unternehmertätigkeit *und* Vermögen herangezogen. Dabei ist zu beachten, daß das Einkommen aus Vermögen nichts über die Ertragslage aussagt. Die hier dargelegten Zahlen geben also nur einen groben Anhaltspunkt für die Ertragslage.

Folgejahren, so insbesondere in den Jahren 1980 und 1981 erneut unter Druck geraten sein.

Im Vergleich zu den anderen Industriebranchen ist jedoch die Ertragslage in der Herstellung von Musikinstrumenten, Spielwaren, Füllhaltern usw. nach wie vor überdurchschnittlich günstig (Tabelle 47). Im Laufe der siebziger Jahre hat sich der Abstand zwischen der Branche und dem Durchschnitt des Verarbeitenden Gewerbes sogar erhöht. Ausschlaggebend dafür dürfte nicht zuletzt — neben einer erfolgreichen Produktpolitik — die mittelständische Struktur gewesen sein, die es der Branche erlaubt hat, sich den strukturellen Veränderungen in den ökonomischen Rahmenbedingungen schnell und flexibel anzupassen.

d) Verflechtung mit anderen Wirtschaftszweigen[46]

aa) Vorleistungsstruktur

Die Herstellung von Musikinstrumenten, Sportgeräten, Spiel- und Schmuckwaren ist auf der Beschaffungsseite mit zahlreichen Branchen verbunden. Im allgemeinen bezieht sie aus diesen — anteilsmäßig betrachtet — jedoch nur geringe Vorleistungen. So konzentrieren sich diese auf zwei Gütergruppen: Zum einen auf Halbwaren und Komponenten, die aus der eigenen Branche bezogen werden. Auf diesen sogenannten bereichsinternen Verbrauch entfielen in der ersten Hälfte der siebziger Jahre etwa 20 bis 30 % der Vorleistungen (Tabelle 49)[47]. Zum anderen stellen NE (Nichteisen)-Metalle und NE-Metallhalbzeug einen erheblichen Teil der Vorleistungen; hierbei handelt es sich vor allem um Metalle für die Schmuckwarenherstellung. Da diese Metalle erheblichen Preisausschlägen unterworfen sind, schwankt auch der Anteil an den gesamten Vorleistungen der Branche recht stark.

---

[46] Die Darstellung beruht auf den Input-Output-Tabellen für die Jahre 1970, 1974 und 1975. Für das Jahr 1978 liegt zwar ebenfalls eine Input-Output-Tabelle vor, die Daten sind jedoch noch nicht zur Veröffentlichung freigegeben; zudem sind sie aus methodischen Gründen mit den Daten für 1970, 1974 und 1975 nicht ganz vergleichbar.

[47] In Tabelle 49 sind die Verflechtungen nicht für Wirtschaftsbereiche (z.B. Herstellung von Musikinstrumenten, Spielwaren, Füllhaltern usw. SYPRO Nr. 39), sondern für Gütergruppen (z.B. Musikinstrumente, Sportgeräte, Spiel- und Schmuckwaren) dargestellt. Es ist also die Inputstruktur für die Herstellung sämtlicher Musikinstrumente, Sportgeräte, Spiel- und Schmuckwaren (also auch solcher, die außerhalb der SYPRO-Branche Nr. 39 hergestellt werden) erfaßt. Es ist jedoch ohne Bedenken möglich, diese Inputstruktur auf die Herstellung von Musikinstrumenten, Spielwaren, Füllhaltern usw. (SYPRO Nr. 39) zu übertragen, da angenommen werden kann, daß die Inputstruktur in sämtlichen Bereichen, in denen Musikinstrumente, Sportgeräte, Spiel- und Schmuckwaren hergestellt werden, weitgehend ähnlich ist.

Die Bezüge von NE-Metallen und NE-Metallhalbzeug kommen praktisch zu 100 % aus dem Ausland. Da auch der bereichsinterne Verbrauch weitgehend im Ausland gedeckt wird, sind die direkten und indirekten Auswirkungen, die von Änderungen der Nachfrage nach Musikinstrumenten, Sportgeräten, Spiel- und Schmuckwaren auf die Produktion der eigenen und jener der vorgelagerten Branchen ausgehen, relativ klein[48]. Auf der Grundlage der Input-Output-Tabelle für das Jahr 1975 ergibt sich, daß bei einer Erhöhung der Nachfrage um 1 Mill. DM die Produktion insgesamt um 1,35 Mill. DM steigt, wobei der größte Teil dieses Anstiegs mit 1,04 Mill. DM selbstverständlich auf die Herstellung von Musikinstrumenten, Sportgeräten, Spiel- und Schmuckwaren entfällt[49]. Lediglich zwei weitere Produktionsbereiche, nämlich der Eisen- und Stahlsektor sowie die Herstellung von chemischen Erzeugnissen können aufgrund des Anstiegs der Nachfrage nach Musikinstrumenten usw. mit einem geringfügigen Zuwachs der Produktion rechnen.

Die Herstellung von Musikinstrumenten, Sportgeräten, Spiel- und Schmuckwaren steht damit hinsichtlich des Umfangs der Auswirkungen eines Nachfrageanstiegs am Ende einer Rangskala sämtlicher Industriezweige. Es gibt zahlreiche andere Branchen, die einen Nachfrageanstoß in einem wesentlich stärkeren Umfang an vorgelagerte Bereiche weitergeben, so insbesondere die chemische Industrie, die Eisen- und Stahlindustrie, fast alle Investitionsgüterbereiche und — bemerkenswerterweise — auch die Nahrungs- und Genußmittelindustrie.

Neben den kurz- und mittelfristigen Auswirkungen von Änderungen der Nachfrage auf die Produktion sind auch die mehr längerfristigen Auswirkungen, die inbesondere das Investitionsverhalten der relevanten Branche betreffen, zu berücksichtigen. Aber auch unter diesem Aspekt gehen von einer Erhöhung der Nachfrage nach Musikinstrumenten, Sportgeräten, Spiel- und Schmuckwaren nur relativ geringe Effekte aus. Dies liegt darin begründet, daß der Realkapitaleinsatz in der Branche, gemessen an der Bruttowertschöpfung oder an den Beschäftigten, verhältnismäßig niedrig ist, die Branche als Bezieher von Investitionsgütern also eine geringe Bedeutung hat. Hinzu kommt, daß die in der Herstellung von Musikinstrumenten, Sportgeräten, Spiel- und Schmuckwaren eingesetzten Werkzeuge, die einen

[48] Die indirekten Auswirkungen von Nachfrageänderungen auf die Produktion beruhen darauf, daß Nachfrageerhöhungen nach bestimmten Erzeugnissen zumeist nicht nur zu einer Produktionssteigerung des Produktionsbereichs führen, der diese Güter produziert, sondern auch der Produktionsbereiche, die Vorleistungsgüter zur Produktion dieser Erzeugnisse liefern. Für die Produktion der zusätzlichen Vorleistungsgüter sind wiederum Vorleistungen erforderlich usw. Vgl. Statistisches Bundesamt, Fachserie 18 (Volkswirtschaftliche Gesamtrechnungen), Reihe 2 (Input-Output-Tabellen, 1975), Stuttgart und Mainz 1981, S. 56.

[49] Der Betrag von 1,04 Mill. DM enthält den Wert des Nachfrageanstiegs (1 Mill. DM), die restlichen Produktionswerte (40 000 DM) betreffen Reparaturleistungen der Branche.

erheblichen Teil des Investitionsvolumens ausmachen, vielfach in Eigenfertigung hergestellt werden; ansonsten werden diese von spezialisierten, häufig kleineren bis mittleren Betrieben bezogen. Unter mittelstandspolitischen Aspekten ist daher dem Bezug von Investitionsgütern durch die Hersteller von Musikinstrumenten, Sportgeräten, Spiel- und Schmuckwaren durchaus eine positive Seite „abzugewinnen", zumal die Breitenwirkung der Investitionstätigkeit der Branche recht erheblich ist. Diese tritt nämlich als Käufer zahlreicher unterschiedlicher Investitionsgüter in Erscheinung, so insbesondere von Metallbearbeitungsmaschinen, Maschinen- und Präzisionswerkzeugen für die Metallbearbeitung, Holzbe- und -verarbeitungsmaschinen, Maschinen für die Be- und Verarbeitung von Kunststoff usw.

Der Kontakt zwischen den Herstellern von Musikinstrumenten, Sportgeräten, Spiel- und Schmuckwaren und den Lieferanten der zu deren Herstellung benötigten Vormaterialien und Investitionsgüter ist im allgemeinen recht eng. Dies gilt insbesondere dann, wenn neue Materialien oder neue, spezielle Be- und Verarbeitungsmaschinen entwickelt werden. Vielfach werden jedoch von den Herstellern von Vormaterialien und Investitionsgütern auch Musikinstrumente, Sportgeräte, Spiel- und Schmuckwaren produziert, so insbesondere von den Herstellern von Kunststoffwaren, vom Schiffbau, vom Luft- und Raumfahrzeugbau, von der Elektrotechnik und von den Herstellern von EBM-Waren (Tabelle 50). Ein weiterer Bereich, der zum Produktionswert von Musikinstrumenten, Sportgeräten, Spiel- und Schmuckwaren einen nicht unbeträchtlichen Teil beiträgt, ist der Einzelhandel; dessen Beitrag besteht vor allem in Reparaturleistungen. Insgesamt sind die „branchenfremden" Wirtschaftsbereiche mit knapp 20 % am Produktionswert von Musikinstrumenten, Sportgeräten, Spiel- und Schmuckwaren beteiligt. Dementsprechend entfallen auf den hier zu behandelnden Wirtschaftsbereich „Herstellung von Musikinstrumenten, Spielwaren, Füllhaltern usw. (SYPRO Nr. 39)" gut vier Fünftel des Produktionswerts.

Außer den zur Gruppe „Musikinstrumente, Sportgeräte, Spiel- und Schmuckwaren" zählenden Gütern gibt es noch zahlreiche andere Erzeugnisse, die wesensmäßig diesen Gütern verwandt sind oder mit diesen zumindest in einem engen Substitutionsverhältnis stehen, jedoch in der Abgrenzung des Statistischen Bundesamts anderen Gütergruppen, wie den Maschinenbauerzeugnissen, den elektrotechnischen Erzeugnissen, den Kunststofferzeugnissen und den Gummiwaren zugeordnet sind. Dazu zählen vor allem Unterhaltungs- und Spielautomaten, Telespiele sowie Spiel-, Sport- und Campingartikel aus Kunststoff und Gummi. Berücksichtigt man auch diese Erzeugnisse, so entfallen auf den Wirtschaftsbereich „Herstellung von Musikinstrumenten, Spielwaren, Füllhaltern usw." grob geschätzt nur drei Viertel der Produktion von Musikinstrumenten, Sportgeräten, Spiel- und Schmuckwaren.

bb) Absatzstruktur

Die Produktion von Musikinstrumenten, Sportgeräten, Spiel- und Schmuckwaren war 1975 zu etwa einem Fünftel für den Input in Produktionsbereichen und zu vier Fünftel für den Endabsatz (in erster Linie Privater Verbrauch und Ausfuhr) bestimmt (Tabelle 51)[50]. Bei den Lieferungen an Produktionsbereiche, bei denen es sich vielfach um Halbwaren und Komponenten handelt, dominieren die bereichsinternen Lieferungen. Wichtige Abnehmer von Produkten des Wirtschaftsbereichs sind auch diverse Dienstleistungssektoren[51], die sowohl dem staatlichen als auch dem privaten Bereich zuzuordnen sind.

Läßt man die bereichsinternen Lieferungen und die Ausfuhr außerhalb der Betrachtung beziehungsweise unterstellt man, daß die exportierten Musikinstrumente, Sportgeräte, Spiel- und Schmuckwaren einer ähnlichen Verwendungsstruktur unterliegen wie die im Inland verbliebenen, so setzt sich der Absatz der Branche letztlich zu etwa 70 % aus der Nachfrage der privaten Haushalte und zu etwa 30 % aus der Nachfrage der „Produktionsbereiche" zusammen. Die Entwicklung der Nachfrage nach Musikinstrumenten, Sportgeräten, Spiel- und Schmuckwaren hängt also in erster Linie von der Entwicklung des Privaten Verbrauchs ab.

Auf der Absatzseite stehen die — meist mittelständischen — Produzenten der Branche vielfach großen und marktstarken Abnehmern und -gruppen gegenüber, so beispielsweise Kaufhäuser, Einkaufsgenossenschaften usw. Aus dieser „Marktmacht" des Handels resultieren oftmals erhebliche Probleme für die Produzenten; darauf wird im einzelnen im Branchenteil dieser Untersuchung eingegangen.

5. Außenwirtschaftliche Verflechtung

a) Überblick

Der außenwirtschaftliche Verflechtungsgrad der Herstellung von Musikinstrumenten, Spielwaren, Füllhaltern usw. ist außerordentlich hoch. Im Jahr 1981 lagen sowohl die Exportquote[52] als auch die Importquote[53]

[50] Die in dieser Tabelle dargelegte Absatzstruktur bezieht sich — ebenso wie die Vorleistungsstruktur — auf die Gesamtheit der produzierten Musikinstrumente, Sportgeräte, Spiel- und Schmuckwaren.

[51] In der Abgrenzung der Input-Output-Systematik zählen die Dienstleistungssektoren zu den Produktionsbereichen.

[52] Ausfuhr in % des Umsatzes.

[53] Einfuhr in % der Inlandsverfügbarkeit (Umsatz abzüglich Ausfuhr zuzüglich Einfuhr).

(jeweils fast 60 %) deutlich über dem Wert für den Durchschnitt des Verarbeitenden Gewerbes (33 % bzw. 26 %)[54]. Ein wesentlicher Grund für die hohe Außenhandelsintensität der Branche ist darin zu sehen, daß viele westliche Industrieländer und nicht zuletzt Deutschland eine lange Tradition in der Herstellung von Musikinstrumenten, Spielwaren, Füllhaltern usw. haben und sich diese Länder vielfach auch auf die Produktion ganz spezieller Artikel spezialisiert haben. Daraus resultierte ein intensiver internationaler Warenaustausch. Hinzu kam, daß die Herstellung von Musikinstrumenten, Spielwaren, Füllhaltern usw. nach dem Zweiten Weltkrieg in asiatischen Industrieländern und in Entwicklungsländern einen erheblichen Aufschwung nahm. Aufgrund der niedrigen Lohnkosten waren diese Länder — vor allem bei der Herstellung von Artikeln einfachen Standards — international äußerst wettbewerbsfähig, was sich letztlich auch in der Bundesrepublik in einem schnellen Wachstum der Einfuhren aus diesen Ländern niederschlug. Die hohe Außenhandelsintensität der hier betrachteten Branche hätte jedoch nicht verwirklicht werden können, würden nicht die Transportkosten — im Vergleich zum jeweiligen Produktionswert — relativ wenig zu Buch schlagen.

Der Außenhandel der Bundesrepublik mit Musikinstrumenten, Spielwaren, Füllhaltern usw. wies bis 1970 einen Exportüberschuß auf (Tabelle 52). Seitdem hat sich die Handelsbilanz auf diesem Sektor mehr oder weniger kontinuierlich bis zum Jahr 1979 verschlechtert. In den Jahren 1980 und vor allem 1981 konnte der Einfuhrüberschuß drastisch abgebaut werden. Dieser Abbau des Defizits war Folge erheblicher Anstrengungen der deutschen Hersteller, ihre internationale Wettbewerbsfähigkeit zu verbessern. Hinzu kamen aber auch Faktoren, die außerhalb des Einflußbereichs der deutschen Hersteller lagen. Dies war einerseits die DM-Schwäche gegenüber dem US-Dollar, was vor allem die Ausfuhren begünstigte und die Einfuhren erschwerte; zum anderen nahm 1981 die Nachfrage nach ausländischen Artikeln infolge einer konjunkturellen Schwäche der Inlandsnachfrage ab.

Der Außenhandelssaldo an sich sagt nichts über die relative Außenhandelsposition der Herstellung von Musikinstrumenten, Spielwaren, Füllhaltern usw., gemessen am Durchschnitt des verarbeitenden Gewerbes, aus. Diese Position läßt sich anhand der sogenannten RCA-Werte[55] ermitteln. Dabei wird der Außenhandelssaldo einer Branche auf den Außenhandelssaldo des gesamten Verarbeitenden Gewerbes bezogen. Erreicht eine Branche beispielsweise relativ hohe Werte, so kann daraus geschlossen werden, daß diese Branche einen komparativen Vorteil in der Bundesrepublik hat, oder auch, daß diese Branche international besonders wettbewerbsfähig

[54] Die dargestellten Außenhandelsquoten für die Herstellung von Musikinstrumenten, Spielwaren, Füllhaltern usw. sind etwas überhöht, da in der Bezugsbasis (Umsätze bzw. Inlandsverfügbarkeit) die Umsätze der kleineren Unternehmen nicht enthalten sind.

[55] RCA = Revealed Comparative Advantage.

ist[56]. Die Herstellung von Musikinstrumenten, Spielwaren, Füllhaltern usw. ist nach diesem Meßkonzept in die unterdurchschnittlich wettbewerbsfähigen Branchen einzuordnen (Tabelle 53)[57]. Ihre internationale Wettbewerbsfähigkeit hat sich unter Schwankungen bis Ende der siebziger Jahre sogar verschlechtert, während sie sich in den Jahren 1980 und 1981 nicht unerheblich verbessert hat.

In regionaler Hinsicht ist die Wettbewerbsfähigkeit der Branche recht differenziert. Besonders ungünstig ist die Position der deutschen Hersteller von Musikinstrumenten, Spielwaren, Füllhaltern usw. gegenüber den Staatshandels- und Schwellenländern; aber auch gegenüber den geringst entwickelten Ländern sowie gegenüber südeuropäischen Ländern und Japan bestehen erhebliche Wettbewerbsnachteile. Dies ist vor allem dadurch bedingt, daß diese Länder seit Mitte der sechziger Jahre ihre Industrialisierungsanstrengungen wesentlich verstärkt und gleichzeitig ihre Exportanstrengungen auf Drittmärkten und damit auch auf dem deutschen Markt erhöht haben. Diese Industrialisierungsanstrengungen erstreckten sich auch auf die Herstellung von Musikinstrumenten, Spielwaren, Füllhaltern usw., da die Produktion dieser Erzeugnisse, zumal wenn es sich um solche relativ einfachen Standards handelt, verhältnismäßig wenig Know-how erfordert. Demgegenüber ist die Position der deutschen Herstellung von Musikinstrumenten, Spielwaren, Füllhaltern usw. gegenüber Industrieländern mit vergleichsweise hohem Lebensstandard relativ stark. Dies liegt daran, daß diese Länder ähnliche Nachfragestrukturen wie die Bundesrepublik aufweisen; das heißt, deren Nachfragestruktur ist ebenfalls recht differenziert und die Ansprüche der Verbraucher sind relativ hoch. Diesen Verbraucherwünschen können die deutschen Hersteller aufgrund der gegebenen Standortfaktoren besser nachkommen als einem undifferenzierten und qualitativ wenig hochstehenden Bedarf.

b) Ausfuhren

Wegen der oben dargelegten Gründe geht der größte Teil des Exports der deutschen Hersteller von Musikinstrumenten, Spielwaren, Füllhaltern usw. in die industrialisierten westlichen Länder (Tabelle 54). Deren Anteil am deutschen Export lag im Untersuchungszeitraum ziemlich konstant bei 90 bis 93 %. Innerhalb dieser Ländergruppe fällt vor allem der Anteilsverlust

[56] Bei der Interpretation der RCA-Werte ist zu berücksichtigen, daß einige Länder, insbesondere Entwicklungs- und Ostblockländer, Importverbote erlassen haben; dies gilt beispielsweise für den Schmuckwarenbereich.

[57] Der Durchschnittswert des RCA-Maßes für das Verarbeitende Gewerbe insgesamt ist Null; der Wertevorrat liegt zwischen + 100 (höchstmögliche errechenbare Wettbewerbsfähigkeit) und - 100 (niedrigstmögliche errechenbare Wettbewerbsfähigkeit).

von Nordamerika auf; in dieser Entwicklung spiegelt sich nicht zuletzt die Dollar-Schwäche in den siebziger Jahren wider, die den Export in diese Region erheblich erschwerte.

Bei der Analyse der Ausfuhr von Musikinstrumenten, Spielwaren, Füllhaltern usw. ist zu beachten, daß die Ausfuhrwerte in jeweiligen Preisen wesentlich schneller zunahmen als die Ausfuhrvolumina (Tabelle 55). Im Zeitraum 1970 bis 1981 betrugen die entsprechenden Wachstumsraten pro Jahr im Durchschnitt 11,5 % beziehungsweise 2,4 %. Dementsprechend unterschiedlich hat sich auch der Anteil an den Ausfuhren sämtlicher industrieller Produkte entwickelt: Bei wertmäßiger Betrachtung ist der Anteil der Tendenz nach — von Schwankungen abgesehen — in etwa gleich geblieben, während er bei Volumenbetrachtung rückläufig war. In dieser unterschiedlichen Entwicklung der Anteilswerte kommt vor allem der starke Preisanstieg bei Schmuckwaren zum Ausdruck, der die nominalen Ausfuhrwerte erheblich „aufblähte".

Im Vergleich zu den Preisen, die im Inland erzielt werden, haben sich jedoch die Ausfuhrpreise — zumindest bis 1979 — nicht stärker erhöht. In den Jahren 1980 und 1981 stiegen die Ausfuhrpreise sogar schwächer als die Erzeugerpreise (Tabellen 48 und 56). In dieser Entwicklung kommt zu einem wesentlichen Teil die D-Mark-Schwäche in diesen Jahren zum Ausdruck; sie ist aber auch ein Indiz dafür, daß die deutschen Hersteller selbst unter Hinnahme von Ertragseinbußen bestrebt waren, ihre internationale Wettbewerbsposition zu verbessern.

Die deutschen Hersteller von Musikinstrumenten, Spielwaren, Füllhaltern usw. haben bislang das — gemessen am Umsatz — relativ bedeutsame Auslandsgeschäft (Tabelle 55) vor allem über Exporte abgewickelt. Sie haben in der Vergangenheit verhältnismäßig selten Produktionsstätten im Ausland errichtet. Setzt man die Direktinvestitionen im Ausland zum Kapitalbestand im Inland in Beziehung, so erreicht die so errechnete „Auslandsorientierung" der Branche nur etwa ein Drittel des Wertes für das gesamte Verarbeitende Gewerbe[58]. Noch größer ist der Abstand zum Verarbeitenden Gewerbe, wenn man lediglich die Auslandsorientierung in bezug auf die Entwicklungsländer betrachtet. Dies bedeutet, daß die deutschen Hersteller nur in geringem Maß an den niedrigen Arbeitskosten in den Entwicklungsländern partizipieren, daß ihr Auslandsengagement vielmehr in erster Linie absatz- und nicht kostenorientiert ist.

[58] Vgl. W. Koch, Auslandsinvestitionspolitik und Außenhandelspolitik im Konflikt, herausgegeben vom Forschungsinstitut für Wirtschaftspolitik an der Universität Mainz, o.J., S. 219.

c) Einfuhren

Auf dem deutschen Markt für Musikinstrumente, Spielwaren, Füllhalter usw. spielen die Einfuhren eine erhebliche Rolle. Ihr Anteil an der Inlandsversorgung hat sich von Mitte der sechziger Jahre bis 1980 ständig erhöht. Diese Aufwärtstendenz wurde erst 1981 unterbrochen, als die Inlandsnachfrage in der Bundesrepublik — in erster Linie konjunkturell bedingt — stark zurückging (Tabelle 57). In den Importen von Musikinstrumenten, Spielwaren, Füllhaltern usw. sind zum Teil auch Eigenimporte der deutschen Hersteller enthalten.

Ähnlich wie bei der Ausfuhr so sind auch die nominalen Einfuhrwerte bei Musikinstrumenten, Spielwaren, Füllhaltern usw. durch erhebliche Preissteigerungsraten beeinflußt. Während beispielsweise von 1976 bis 1980 die nominale Einfuhr um über 100 % gestiegen ist, hat sich das Einfuhrvolumen nur um 13 % erhöht. Demzufolge ist in der zweiten Hälfte der siebziger Jahre der Anteil der nominalen Einfuhren von Musikinstrumenten, Spielwaren, Füllhaltern usw. an den Einfuhren sämtlicher Erzeugnisse der Bundesrepublik erheblich gestiegen, während der Anteil auf Basis der Volumina zurückgegangen ist. Diese Diskrepanz zwischen nominaler und realer Entwicklung des Einfuhranteils ist — wie bei der Ausfuhr — zu einem wesentlichen Teil kostenbedingt gewesen (Rohstoffpreise!). Hinzu kommt freilich, daß es den ausländischen Herstellern in der Vergangenheit gelungen ist, auf dem Markt der Bundesrepublik aufgrund eines zunehmend hochwertiger werdenden Angebots relativ gute Preise zu erzielen (dies zeigt ein Vergleich des Index der Einfuhrpreise mit dem Index der Erzeugerpreise, vgl. Tabellen 48 und 56). Diese Aussage gilt natürlich nur für Waren aus „anderen industrialisierten Ländern", auf die 1981 aber immerhin drei Viertel des Einfuhrwertes entfielen. Allerdings hat der Anteil dieser Länder an der Gesamteinfuhr im Untersuchungszeitraum abgenommen (Tabelle 58). Eine Sonderentwicklung nahm lediglich die Einfuhr aus Japan (in der Rubrik „Übrige Länder" enthalten), die ihren Anteil an dem gesamten ausländischen Angebot seit Mitte der siebziger Jahre wesentlich ausdehnen konnte. In dieser Entwicklung spiegeln sich nicht zuletzt die Exporterfolge Japans auf dem Sektor der elektronischen Erzeugnisse wider.

Auf anderen Faktoren, nämlich in erster Linie auf einem erheblichen Vorteil bei den Lohnkosten, beruht das Vordringen der Entwicklungsländer auf dem deutschen Markt für Musikinstrumente, Spielwaren, Füllhalter usw. Diese Ländergruppe konnte ihren Anteil an den Einfuhren im Untersuchungszeitraum fast verdoppeln (Tabelle 58).

d) Handel mit der DDR

Bei Musikinstrumenten, Spielwaren, Sportgeräten usw. spielt der Handel mit der DDR — obwohl dort das einschlägige Gewerbe eine lange Tradition hat — nur eine geringe Rolle. Zwar konnte der Warenverkehr mit der DDR seit 1965 nicht unerheblich gesteigert werden. Mit 17 Millionen DM im Jahr 1981 erreichten die Lieferungen jedoch nur 0,4 % des Wertes der Ausfuhren der Bundesrepublik an Musikinstrumenten, Spielwaren, Füllhaltern usw. Etwas größere Bedeutung haben die Bezüge aus der DDR; sie beliefen sich 1981 auf 61 Mill. DM oder 1,5 % des Wertes der vergleichbaren Einfuhren. Offenbar entspricht das Angebot aus der DDR in vielen Fällen nicht den Vorstellungen der Verbraucher in der Bundesrepublik. Umgekehrt benötigt die DDR ihre DM-Guthaben weitaus dringender für den Kauf von Investitionsgütern als für den Kauf von Gütern, die mehr oder weniger Luxuscharakter haben.

Der Warenverkehr mit der DDR mit Musikinstrumenten, Spielwaren, Sportgeräten etc. war aus der Sicht der Bundesrepublik im gesamten Untersuchungszeitraum defizitär (Tabelle 59). Während jedoch bis Anfang der siebziger Jahre das Defizit gestiegen ist, hat es sich seitdem — von Schwankungen abgesehen — nicht mehr erhöht. Das größte Defizit besteht beim Warenverkehr mit Spielwaren und Christbaumschmuck, gefolgt vom Warenverkehr mit Musikinstrumenten (Tabelle 60). Dies sind jene Bereiche, auf denen die DDR auch im internationalen Warenverkehr eine recht beachtliche Position einnimmt.

III. Die einzelnen Zweige der Herstellung von Musikinstrumenten, Spielwaren, Füllhaltern usw.

1. Überblick

Da die zu untersuchende Wirtschaftsgruppe äußerst heterogen ist, ist eine detaillierte Darstellung der einzelnen Branchen notwendig. Diese erstreckt sich im allgemeinen auf die Nachfrageentwicklung, die außenwirtschaftliche Verflechtung, die Produktion und die Produktionsfaktoren sowie die Absatzstruktur.

Um die Entwicklung der Branchen seit 1965 analysieren zu können, ist aus statistischen Gründen eine Zusammenfassung der Wirtschaftszweige „Herstellung von Schmuck aus Edelmetall oder -plattierungen", „Herstellung von Phantasieschmuck" sowie „Herstellung von sonstigen Gold- und Silberschmiedewaren" zur Herstellung von Schmuckwaren erforderlich. Auf diese Branchen entfielen 1981 — rechnet man noch die unter dem Gesichtspunkt der Nachfrage verwandte Herstellung von Münzen und Medaillen hinzu — fast 29 % des Umsatzes der Wirtschaftsgruppe (Tabelle 61). Fast ebenso große Bedeutung hat die Herstellung von Spielwaren und Christbaumschmuck, während der Umsatzanteil der anderen untersuchten Branchen — mit Ausnahme der Edelsteinindustrie — im Bereich zwischen 9 und 13 % liegt. Gemessen an den Beschäftigtn ergeben sich für die meisten Branchen etwas höhere Anteile, während diejenigen der Schmuckwaren- und Edelsteinindustrie sowie für die Herstellung von Turn- und Sportgeräten niedriger lagen (Tabelle 61).

2. Herstellung von Musikinstrumenten

a) Nachfrageentwicklung

Das Interesse am Musizieren hat sich im Untersuchungszeitraum, vor allem bei der Jugend, stetig erhöht. Dies zeigt sich nicht zuletzt daran, daß der Andrang bei den Musikschulen enorm gestiegen ist; teilweise mußten diese sogar Wartelisten anlegen. Die deutsche Musikinstrumenten-Industrie hat sich in der Vergangenheit mit hohem finanziellen Aufwand um die Musikausübung und -ausbildung bemüht. Dementsprechend günstig hat sich in der Bundesrepublik -- langfristig gesehen — die Nachfrage nach Musikinstrumenten entwickelt. Von 1965 bis 1981 stieg die nominale Nachfrage im Durchschnitt pro Jahr um fast 10 %; berücksichtigt man den Preisanstieg von nahezu 6 % pro Jahr[1], so bleibt immer noch ein reales Wachstum von 4 % pro Jahr. Allerdings ist der Markt für Musikinstrumente von der Rezession der Jahre 1981 (Tabelle A22) und 1982 nicht verschont geblieben. Dabei war der Rückgang der Nachfrage weniger durch ein nachlassendes Kaufinteresse der „privaten Kundschaft" bedingt als vielmehr durch die Sparmaßnahmen der öffentlichen Hand, die sich vor allem in einer Kaufeinschränkung bei Orchestern, Musikschulen, musiktherapeutischen Einrichtungen u. ä. niederschlugen.

Die Struktur der Nachfrage nach Musikinstrumenten hat sich im Untersuchungszeitraum erheblich verändert. Besonders auffällig ist der weit überdurchschnittliche Anstieg der Nachfrage nach „elektromagnetischen, elektrostatischen, elektronischen u. ä. Musikinstrumenten"[2]. An der Stückzahl gemessen hat sich die Nachfrage nach diesen Instrumenten zwischen 1970 und 1981 etwa verzehnfacht (Tabelle A24); wertmäßig betrachtet war das Nachfragewachstum zwar geringer, gleichwohl hat sich der Anteil an der gesamten Inlandsversorgung mit Musikinstrumenten von 22 % im Jahr 1970 auf etwa ein Drittel im Jahr 1981 erhöht (vgl. auch Tabelle 23). Einer lebhaften Nachfrage erfreuten sich auch Schlag-, Effekt- und Signalinstrumente sowie — bis Mitte der siebziger Jahre — Blasinstrumente. Neben dem Vordringen der „modernen" Musikinstrumente ist in neuerer Zeit wieder ein verstärktes Interesse an „klassischen" Musikinstrumenten festzustellen, insbesondere an Klavieren, Flügeln, Harmonien, Orgeln und Harmonikas, und hier wiederum an qualitativ höherwertigen Instrumenten.

b) Außenwirtschaftliche Verflechtung

Am expandierenden deutschen Markt für Musikinstrumente haben in den vergangenen Jahren die ausländischen Hersteller in weit überdurchschnittlichem Maße partizipiert. Während der Marktanteil des Auslands 1965 — wertmäßig betrachtet — erst ein Fünftel betrug (Tabelle A54), stieg er bis Anfang der achtziger Jahre auf etwa 60 % an. In jüngster Vergangenheit, so insbesondere im Jahr 1982, hat die Importquote allerdings wieder abgenommen. Dies war sicherlich zum Teil konjunkturell bedingt durch die schwache Inlandsnachfrage; andererseits zeigt der Rückgang der Importquote auch eine gewisse Verbesserung der Wettbewerbsposition der deutschen Herstel-

[1] Dieser Preisanstieg errechnet sich aus einem gewichteten Preisindex, in den der Index der Erzeugerpreise und der Index der Einfuhrpreise eingehen. Vgl. Tabelle 61.

[2] Hierzu zählen beispielsweise elektronische Orgeln, elektrische Gitarren, Synthesizer, elektrisch verstärkte Pianos und Akkordeons.

ler an. Den Musikinstrumentenbauern in der Bundesrepublik kommt der gegenwärtige Trend zu hochwertigen Instrumenten entgegen. Die billigeren Instrumente, die vielfach eingeführt werden, mußten dagegen Absatzeinbußen hinnehmen. Auf dem Markt für Flügel zeigte sich dies schon seit längerer Zeit. Während dort die (mengenmäßige) Importquote zu Anfang der siebziger Jahre noch bei 100 % lag, sank sie bis Anfang der achtziger Jahre auf knapp 80 % ab (Tabelle A55). Die These, derzufolge in erster Linie billigere Instrumente importiert werden, wird gestützt durch die niedrigere wertmäßige Importquote. Sie lag bei Flügeln im Jahr 1981 mit 50 % (Tabelle A54) unter der entsprechenden mengenmäßigen Quote.

Außer bei Flügeln sind die Marktanteile des Auslands auch bei Klavieren, Streich- und Zupfinstrumenten sowie bei „elektromagnetischen, elektrostatischen, elektronischen u. ä. Musikinstrumenten" relativ hoch. Auf letztere entfiel 1981 ungefähr die Hälfte der gesamten wertmäßigen Einfuhr von Musikinstrumenten (Tabelle A52). Diese Instrumente basieren auf der Elektronik und werden im Ausland teilweise von der Elektrotechnik erzeugt. Demgegenüber hat sich die deutsche Elektroindustrie auf diesen Märkten nicht engagiert. Die deutschen Musikinstrumentenhersteller waren somit ohne dieses Know-how lange Zeit international nicht wettbewerbsfähig. Es scheint jedoch, daß in jüngster Zeit einige wenige deutsche Instrumentenhersteller der ausländischen Konkurrenz zunehmend Paroli bieten können.

Die Einfuhren der Bundesrepublik an Musikinstrumenten kommen zum überwiegenden Teil aus den westlichen Industrieländern, wobei etwa die Hälfte der Einfuhren aus den anderen EG-Ländern stammt (Tabelle A57). Erhebliche Bedeutung als Lieferant hat auch Japan mit einem Anteil von etwa einem Viertel an den Einfuhren. Die japanische Konkurrenz ist besonders stark bei elektronischen Instrumenten sowie bei Klavieren. Bei den letztgenannten Instrumenten verlieren allerdings die Japaner in der Bundesrepublik zusehends an Bedeutung (Tabelle A59). Verhältnismäßig schnell steigende Absatzzahlen auf dem deutschen Markt konnten dagegen Instrumente aus Schwellenländern verbuchen, so insbesondere Schlaginstrumente (Tabellen A57 und A67).

Durch den Verzicht auf die Herstellung billiger Massenprodukte haben die deutschen Musikinstrumentenbauer der ausländischen Konkurrenz bei eben diesen Produkten mehr und mehr das Feld überlassen. Andererseits konnten die deutschen Produzenten ihre Marktanteile bei Spitzenprodukten ausbauen. Dies gilt nicht nur für den Inlands-, sondern auch für den Auslandsmarkt. Die hohen und in den letzten Jahren sogar steigenden Exportquoten (Tabellen A28 und A29) unterstreichen eindrucksvoll die entsprechenden Bemühungen der deutschen Hersteller. Besonderer Wertschätzung im Ausland erfreuen sich deutsche Streich- und Zupfinstrumente sowie Klaviere und Flügel. Hauptabsatzgebiete der deutschen Hersteller sind die EG- und EFTA-Länder sowie die USA. Aber auch Japan gewinnt bemerkenswerterweise als Absatzland ständig an Bedeutung, nicht zuletzt bei Klavieren (Tabelle A33).

Die Exportanstrengungen der deutschen Hersteller konnten allerdings nicht verhindern, daß der Anteil der Bundesrepublik am Welthandel mit Musikinstrumenten seit 1970 kontinuierlich gesunken ist (Tabelle A44). Nach wie vor ist jedoch die Bundesrepublik einer der wichtigsten Hersteller von Musikinstrumenten in der Welt; gemessen am Welthandel[3] nimmt sie nach Japan, den USA und Italien die vierte Position ein.

Auch im Vergleich zu anderen Branchen in der Bundesrepublik weisen einige Sparten der Herstellung von Musikinstrumenten eine hohe internationale Wettbewerbsfähigkeit auf. Dies gilt insbesondere für die Herstellung von Klavieren, Akkordeons, Konzertinos, Mundharmonikas usw. (Tabelle A70)[4]. Demgegenüber war die Bundesrepublik bei der Herstellung von elektronischen Musikinstrumenten — zumindest in den siebziger Jahren — wenig wettbewerbsfähig.

c) Produktion und Produktionsfaktoren

Die Herstellung von Musikinstrumenten erreichte 1981 in der Bundesrepublik einen Wert von etwa 600 Mill. DM[5] (Tabelle A19). Gegenüber 1965 hat sich damit die Erzeugung im Durchschnitt pro Jahr um ungefähr 6 % erhöht. Berücksichtigt man, daß im gleichen Zeitraum die Erzeugerpreise mit etwa derselben Jahresrate gestiegen sind, so hat die Produktion im Untersuchungszeitraum — real betrachtet — der Tendenz nach stagniert. Dabei hat die Herstellung von Klavieren, Flügeln, Harmonien und Orgeln, von Schlag-, Effekt- und Signalinstrumenten[6] sowie — bis Mitte der siebziger Jahre — von Blasinstrumenten relativ gut abgeschnitten. Insbesondere

---

[3] Als Hilfsgröße für den Welthandel dient die Summe der Importe sämtlicher OECD-Länder.

[4] In Tabelle A70 ist der Koeffizient A ein Maß für die Exportspezialisierung. Sie besteht dann, wenn der Anteil der Produktgruppe über dem durchschnittlichen Anteil der Bundesrepublik am Weltimport liegt (die Bezugsgröße „Weltimport" entspricht der Summe der Importe sämtlicher OECD-Länder). Die Spezialisierung ist um so ausgeprägter, je höher die ermittelten Werte über 1 liegen. Der Koeffizient B ist das bereits angesprochene RCA-Maß (vgl. Abschnitt II.5.a)); seine Höhe kennzeichnet die relative Außenhandelsposition der Produktgruppe. Auch für ihn gilt, daß die Wettbewerbsposition um so besser (schlechter) ist, je weiter die ausgewiesenen Werte sich von dem Grenzwert 1 nach oben (unten) entfernen.

[5] Produktion von Betrieben von Unternehmen mit 20 und mehr Beschäftigten.

[6] Zu den Effekt- und Signalinstrumenten zählen beispielsweise singende Sägen, Lockpfeifen aller Art, Mundblasinstrumente für Ruf- und Signalzwecke, Drehorgeln, Spieluhren und -dosen sowie deren Musikwerke, Orchestrions.

die Klavierbauer hatten in jüngster Zeit einen regelrechten Boom erlebt, der ihnen hohe Auftragsbestände und den Abnehmern monatelange Wartefristen bescherte. Die Herstellung von Streich- und Zupfinstrumenten sowie von Harmonikas, bei denen die deutsche Instrumentenbauer nach wie vor eine führende Position in der Welt einnehmen, hat dagegen — gemessen an der gesamten Produktion von Musikinstrumenten — an Bedeutung verloren (Tabelle A20). Insgesamt gesehen läßt sich feststellen, daß die Produktpalette des deutschen Musikinstrumentenbaus durch eine große Vielseitigkeit gekennzeichnet ist, die nicht zuletzt in der langen Tradition dieses Gewerbes ihre Wurzeln hat.

Die seit vielen Jahrzehnten „gewachsene" Branche war auch in jüngster Zeit gegenüber konjunkturellen Schwankungen recht widerstandsfähig. So ist die Zahl der Betriebe und Unternehmen — abgesehen von den Kleinstbetrieben — seit 1965 ziemlich konstant geblieben (Tabelle A12). Dies ist um so bemerkenswerter, als in vielen anderen Bereichen des Verarbeitenden Gewerbes erhebliche Konzentrationsvorgänge stattgefunden haben. Offenbar sind die mittelständischen Betriebe nach wie vor für viele Bereiche des Musikinstrumentenbaus die optimalen wirtschaftlichen Einheiten. Wenngleich es heutzutage durchaus einige Unternehmen der Musikinstrumentenbranche gibt, die eine Großserienfertigung anwenden, so ist doch in der Mehrzahl der Unternehmen die Fertigung noch vielfach handwerklicher Natur. In den vergangenen Jahren war sogar häufig eine Abnahme der Betriebs- bzw. Unternehmensgröße zu beobachten (vgl. Tabelle A15, Beschäftigte je Betrieb bzw. je Unternehmen). Die Stärke dieser mittelständischen Betriebe und Unternehmen liegt in der größern Flexibilität gegenüber Unternehmen, die in Großserie fertigen. Sie können sich schneller an die musikalische Entwicklung und die sich dadurch ständig ändernden Erfordernisse des Marktes anpassen.

Ein weiteres Charakteristikum der mittelständischen Betriebe ist die Tatsache, daß sie vor allem Erzeugnisse hoher und höchster Qualität herstellen. Dazu sind auch entsprechend qualifizierte Mitarbeiter erforderlich. Demzufolge sind die Musikinstrumentenbauer mit verhältnismäßig hohen Löhnen belastet; die Lohnsumme je geleisteter Arbeiterstunde liegt in der Branche wesentlich höher als im Durchschnitt der gesamten Wirtschaftsgruppe „Herstellung von Musikinstrumenten, Spielwaren, Füllhaltern usw." (Tabellen A8 und A15). Folglich ist auch die Lohnquote, das heißt der Anteil der Lohn- und Gehaltssumme am Umsatz, überdurchschnittlich hoch. In der Vergangenheit hatten die deutschen Musikinstrumentenbauer vielfach einen Mangel an Facharbeitern zu beklagen. Dies lag daran, daß jahrelang die Ausbildung des Nachwuchses vernachlässigt wurde. Erst in jüngster Zeit hat die Zahl der Lehrlinge erheblich zugenommen. Die Kehrseite der hohen Lohnquote ist ein relativ niedriger Umsatz je Beschäftigten (Tabellen A8 und

A15). Diese Kennzahl ist ebenfalls ein Indiz für den hohen Anteil handwerklicher Fertigung in der Herstellung von Musikinstrumenten. Es gibt nur wenige Bereiche in der Branche, die (hoch) automatisierbar sind; dazu zählt in erster Linie die Elektroakustik. Entsprechend der in der Branche vorherrschenden niedrigen Kapitalintensität der Fertigung waren auch die Investitionen — mißt man diese an den Beschäftigten und am Umsatz — im Durchschnitt des Untersuchungszeitraums vergleichsweise gering (Tabelle A6, A9 und A18).

Gesamtwirtschaftlich gesehen ist der hohe Grad handwerklicher Fertigung sowie der niedrige Kapitaleinsatz je Beschäftigten durchaus positiv zu beurteilen. So ist im Zeitraum 1965 bis 1980 die Zahl der in der Herstellung von Musikinstrumenten Beschäftigten „nur" um etwa 6 % zurückgegangen, während in der Wirtschaftsgruppe „Herstellung von Musikinstrumenten, Spiel-, Schmuckwaren und Sportgeräten" die Zahl der Beschäftigten um fast 25 % abgebaut wurde (vgl. auch Tabellen A4 und A12).

d) Absatzstruktur

Die Erzeugnisse der Musikinstrumentenbauer werden sowohl direkt als auch — schwerpunktmäßig — indirekt vertrieben. Vor allem bei einigen Herstellern von Orgeln ist der direkte Vertrieb, also die Lieferung vom Hersteller an den Kunden, anzutreffen. Die Regel ist jedoch der Vertrieb über den Fach-Großhandel und/oder -Einzelhandel, wobei vor allem ein Einkaufsverband dominiert. Über die Großbetriebsformen des Handels, zum Beispiel über Kaufhäuser und den Versandhandel, wird ein Teil der importierten Ware vertrieben. Die enge Bindung der deutschen Hersteller an den Fachhandel liegt darin begründet, daß der Verkauf von Musikinstrumenten äußerst beratungsintensiv ist. Sie ist für beide Seiten von Vorteil: Sie garantiert einerseits dem Fachhandel ein qualitativ hochstehendes Angebot, andererseits bietet der Fachhandel optimale Serviceleistungen für die von ihm verkauften Produkte, was wiederum den deutschen Musikinstrumentenbauern zugute kommt.

3. Herstellung von Spielwaren, Christbaumschmuck

a) Nachfrageentwicklung

Spielwaren werden heutzutage nicht mehr nur für Kinder gekauft, sondern in zunehmendem Maße auch für Erwachsene. So ist es auch zu erklären, daß trotz eines Rückgangs der Zahl der Kinder und Jugendlichen (im Alter von 15 Jahren und weniger) die nominale Nachfrage nach Spielwaren im Zeitraum von 1965 bis 1981 um durchschnittlich mehr als 6 % pro Jahr gestiegen ist. Selbst wenn man den Preisanstieg von jährlich gut 4 % berücksichtigt (Tabelle 63), bleibt immer noch ein reales Wachstum von knapp 2 % pro Jahr. Dieses Wachstum wurde nicht nur davon getragen, daß es den Spielwarenproduzenten gelang, wenigstens zum Teil in die Freizeitmärkte der Erwachsenen einzudringen, was sich unter anderem daran zeigt, daß Sportspielwaren sowie Papier- und Pappespielwaren (zu denen auch Gesellschaftsspiele zählen) an der Inlandsverfügbarkeit sämtlicher Spielwaren in den siebziger Jahren an Bedeutung gewonnen haben (Tabelle A77). Vielmehr erhöhte sich die Nachfrage nach Spielzeug auch dadurch, daß immer mehr aufwendigere Spielwaren nachgefragt wurden. Darüber hinaus wurde auch durch die Entwicklung neuer Produkte zusätzliche Nachfrage geschaffen. Es zeigte sich in der Vergangenheit eine gewisse Abkehr vom traditionellen Spielzeug hin zum elektronischen Spielzeug. Dieses dürfte bereits ein Marktvolumen von etwa 250 bis 300 Mill. DM umfassen, was — gemessen an der Inlandsversorgung von Spielwaren in Höhe von rund 1,7 Mrd. DM — ein beachtliches Volumen darstellt[7]. Als ausgesprochen erfolgreich haben sich auch System-Spielzeuge erwiesen, die aufgrund der vielfältigen Erweiterungs- und Ergänzungsteile über Jahre hinweg für eine relativ konstante Nachfrage „sorgten".

Im Spielwarenbereich hat es in den vergangenen Jahren auch zahlreiche „kurzlebige" Produkte gegeben, die einen unvorhergesehenen Nachfrageboom auslösten, der jedoch oftmals nach mehr oder weniger kurzer Zeit wieder „zusammenbrach". Als Beispiele seien erwähnt der Zauberwürfel, Rollerskates und funkferngesteuerte Modellautos; aber auch die zahlreichen kleinen Elektronikspiele zählen zu dieser Kategorie von Spielwaren. Diesem elektronischen Spielzeug stehen vor allem Pädagogen teilweise recht skeptisch und kritisch gegenüber, insbesondere sofern es sich um Elektronikspiele für Kinder handelt. Die Kritik richtet sich vor allen Dingen dagegen, daß diese Spielwaren nur ein mechanistisches Spielen ohne Phantasie und Gemeinschaftserlebnis erlauben; kreative Spielmöglichkeiten könnten kaum verwirklicht werden.

Diesen Forderungen versucht insbesondere das pädagogische Spielzeug zu entsprechen. Das Angebot an dieser Art von Spielzeug, dem die Funktion eines Lernmittels zukommt, hat sich in den vergangenen Jahren erheblich erhöht. Aber auch das Angebot an anderem Spielzeug ist vielfach nicht mehr zu überblicken. Es wird davon gesprochen, daß etwa 300 000 Artikel auf dem deutschen Spielzeugmarkt angeboten werden[8]. Trotz dieser Vielfalt hat es

[7] Dabei ist zu berücksichtigen, daß nur ein Teil der Elektronik-Spiele von den traditionellen Spielzeugproduzenten hergestellt wird. Ein Indiz dafür ist, daß der Großteil des Elektronik-Spielzeugs über den Radio- und Fernsehfachhandel vertrieben wird.

[8] Vgl. C. Henninger, Ratlose Spielstrategen, in: Frankfurter Allgemeine Zeitung, Nr. 34, 10.2.1983.

jedoch 1981 und 1982 an ausgesprochenen „Rennern“ im Angebot des Spielwarenhandels gefehlt (Ausnahme waren 1981 der Zauberwürfel und 1982 die Videospiele), was sicherlich dazu beigetragen hat, daß die (reale) Inlandsnachfrage nach Spielwaren im Jahr 1981 stagnierte und im Jahr 1982 sogar rückläufig war. Entscheidend für die ungünstige Nachfrageentwicklung in den letzten Jahren dürfte jedoch die gesamtwirtschaftliche Rezession gewesen sein, welche dafür verantwortlich war, daß zahlreiche Käufe von Spielwaren zurückgestellt wurden. Dies fiel insofern nicht schwer, als vor allem viele Kinderzimmer mit Spielsachen reichlich „eingedeckt“ sind.

Ebenfalls von der Rezession tangiert wurde 1982 die Nachfrage nach Christbaumschmuck[9]. In den vorangegangenen eineinhalb Jahrzehnten ist jedoch die Nachfrage — der Tendenz nach betrachtet — schnell angestiegen (Tabelle A76). Die Nachfrage wurde in erster Linie durch ein ständig wachsendes Angebot, das auch gewissen „modischen“ Entwicklungen unterlag, angeregt.

b) Außenwirtschaftliche Verflechtung

Die bis 1981 stark steigenden Importe an Spielwaren und Christbaumschmuck nahmen 1982 um etwa 15 % ab. Da 1982 die Exporte noch leicht stiegen (um 3 %), konnte der Importüberhang auf etwa 50 Mill. DM verringert werden. Noch im Jahr 1981 war ein Importüberschuß von rund 250 Mill. DM zu verzeichnen. Damit hatte sich die Außenhandelsposition der deutschen Spielwaren- und Christbaumschmuckindustrie gegenüber 1970, als ein Exportüberschuß in Höhe von 37 Mill. DM zu verzeichnen war, erheblich verschlechtert. Aufgrund des schnellen Anstiegs der Einfuhren hat sich die Importquote zwischen 1970 und 1981 verdoppelt, und zwar von 30 % auf fast 61 % (Tabelle A101). Bei der Interpretation des Anteils der ausländischen Waren am deutschen Markt ist allerdings zu berücksichtigen, daß ein Teil der Einfuhren von deutschen Produzenten selbst vorgenommen wird, sei es im Wege des sogenannten Vollgeschäfts (Handelsware), der Einfuhr aus eigenen Produktionsstätten im Ausland oder der passiven Lohnveredelung (Vorprodukte aus deutscher Produktion werden im Ausland be- oder verarbeitet und anschließend wieder in die Bundesrepublik eingeführt). Die Höhe dieser Einfuhren dürfte etwa 10 % der Gesamteinfuhren an Spielwaren betragen[10].

Der Anstieg der Importe konzentrierte sich in der Vergangenheit vor allem auf Elektronik-Spielwaren, die fast ausschließlich aus den USA und den

[9] Die Herstellung von Christbaumschmuck wird vom Statistischen Bundesamt mit der Herstellung von Spielwaren zu einem Wirtschaftszweig zusammengefaßt (SYPRO 3931).

[10] Vgl. R. Jungnickel/U. Maenner, Eigenimporte der deutschen Industrie, Gutachten für das Bundeswirtschaftsministerium, 1983.

fernöstlichen Ländern eingeführt werden. Beim traditionellen Spielzeug haben sich insbesondere die Einfuhren von Papier- und Pappespielwaren in den Vordergrund geschoben; deren Anteil an den gesamten Einfuhren hat sich im Zeitraum 1970 bis 1981 fast verdreifacht (Tabelle A100). Nach wie vor die größte Bedeutung innerhalb der Einfuhr von Spielwaren kommt den „sonstigen Spiel- und Sportspielwaren" zu, die unter anderem Spielwaren aus Kunststoff beinhalten.

Anfang der achtziger Jahre entfiel fast ein Drittel der Einfuhren der Bundesrepublik an Spielwaren auf Japan und die USA (Tabelle A103). Das starke Vordringen dieser Länder auf dem deutschen Spielzeugmarkt, das sich fast ausnahmslos auf den Elektronik-Sektor beschränkt, hat den Anteil der Entwicklungsländer[11] etwas zurückgedrängt. Mit gut einem Viertel an den gesamten Einfuhren stellen diese Länder jedoch nach wie vor eine bedeutende Anbietergruppe dar. Sie liefern zwar vielfach noch einfache arbeitsintensive Produkte, bei denen sie aufgrund ihrer niedrigen Lohnkosten oft konkurrenzlos billig sind. Es ist jedoch nicht zu verkennen, daß sie häufig ein relativ hohes Qualitätsniveau anstreben und auch schon erreicht haben. Ihre Exporterfolge auf dem deutschen Markt sind nicht zuletzt dadurch bedingt, daß ihre Produkte von einem hohen Einfalls- und Formenreichtum zeugen, den die europäischen Spielwarenproduzenten mitunter erheblich unterschätzten. Einen gewissen Ausgleich für die im Inland entgangenen Marktanteile konnten die deutschen Produzenten von Spielwaren (einschließlich Christbaumschmuck) im Ausland finden. Während 1970 erst ein Drittel der Produktion exportiert wurde, lag die Exportquote zu Anfang der achtziger Jahre bei über 50 % (Tabelle A80). Äußerst exportintensiv sind die Bereiche Papier- und Pappespielwaren, Puppen (einschließlich Puppenwagen) sowie Christbaumschmuck. Gemessen an der gesamten Ausfuhr entfällt der größte Teil auf den Bereich „Andere Spiel- und Sportspielwaren" (Tabelle A79). Die ausländischen Absatzmärkte der deutschen Spielwaren- und Christbaumschmuckindustrie liegen fast ausschließlich in den westlichen Industrieländern, wobei wiedereum das Gros der Exporte in die Länder der EG und EFTA geht (Tabelle A82). Bei der Ausfuhr von Christbaumschmuck und Karnevalsartikeln kommt auch den USA eine größere Bedeutung zu; dieser Markt hat allerdings in der Vergangenheit als Absatzgebiet an Bedeutung verloren (Tabelle A92). Dies dürfte vor allem damit zusammenhängen, daß die deutschen Produzenten diesen Markt jahrelang vernachlässigt haben; erst in jüngster Zeit wurden die USA wieder verstärkt in die Exportbemühungen eingebunden, was bereits Früchte getragen hat.

Die Exportanstrengungen der deutschen Hersteller konnten freilich nicht verhindern, daß ihr Anteil am Welthandel seit 1977 der Tendenz nach rückläufig war (Tabelle A93). Immerhin lag der deutsche Anteil mit 9 % im

[11] Unter diesen dominieren die südostasiatischen Länder.

Jahr 1980 nur wenig unter dem Anteilswert von 1970. Gleichwohl zeigt ein Blick auf die Entwicklung der Welthandelsanteile der wichtigsten Spielzeugproduzenten der Welt, daß sich die internationale Konkurrenzsituation innerhalb eines Jahrzehnts grundlegend geändert hat. Während zu Anfang der siebziger Jahre noch Japan und die EG-Länder den Ton angaben, waren es zu Beginn des laufenden Jahrzehnts die fernöstlichen Schwellenländer. Unter Berücksichtigung dieser Umwälzungen erscheint die relative Konstanz des Weltmarktanteils der deutschen Hersteller fast schon als Erfolg. Dementsprechend zeigt auch der Koeffizient für die Exportspezialisierung für den gesamten Wirtschaftszweig Werte an, die nahezu dem Durchschnitt des produzierenden Gewerbes in der Bundesrepublik (= 1) entsprechen (Tabelle A114, Koeffizient A). Allerdings ist der Spezialisierungsgrad in zwei Bereichen, nämlich in der Herstellung von Puppen und Gesellschaftsspielen, vergleichsweise gering. Bezieht man in die Betrachtung auch die Importe ein, so stellt sich die internationale Außenhandelsposition der Spielwarenbranche (einschließlich Herstellung von Christbaumschmuck) als relativ schlecht dar (Koeffizient B in Tabelle A114). Eine Ausnahme macht lediglich die Herstellung von Spielfahrzeugen und — bis Ende der siebziger Jahre — die Herstellung von Karnevalsartikeln und Christbaumschmuck; die Wettbewerbsfähigkeit der letztgenannten Branchen hat sich jedoch im vergangenen Jahrzehnt erheblich verschlechtert.

c) Produktion und Produktionsfaktoren

Der nominale Produktionswert von Spielwaren und Christbaumschmuck hat sich zwischen 1965 und 1981 verdoppelt (Tabelle A74). Da jedoch gleichzeitig die Erzeugerpreise zumindest im selben Maße gestiegen sind, hat die reale Produktion der Tendenz nach leicht abgenommen. Dabei hat sich die negative Tendenz in den letzten Jahren erheblich verstärkt. 1979 war das letzte Jahr, in dem ein reales Produktionswachstum erzielt werden konnte. Seitdem war die Produktion ständig rückläufig. Diesem Rückgang konnten sich nur wenige Hersteller entziehen; es waren vor allem jene, die auf der Nostalgie-Welle „schwammen", also beispielsweise Hersteller von Stoff- und Fellspielwaren sowie von mechanischen Metallspielwaren. Der größte Fachzweig der deutschen Spielwarenindustrie, nämlich die Herstellung von Plastikspielzeug, mußte dagegen in den letzten Jahren (ausgenommen ein großer Hersteller) erhebliche Rückschläge hinnehmen, nachdem diese Sparte noch bis Ende der siebziger Jahre einen starken Nachfragezuwachs zu verzeichnen hatte und demzufolge auch ihren Anteil an der gesamten Produktion der Spielwarenindustrie erhöhen konnte (Tabelle A75). Der Tendenz nach rückläufig waren dagegen in den siebziger Jahren die Strukturanteile von Musikspielwaren oder anderen Sportspielwaren, von

Stoff- und Fellspielwaren sowie insbesondere von Puppen. Demgegenüber konnten die Holzspielwaren ihren Anteil weitgehend halten, vor allem eine Folge einer Rückbesinnung auf „naturnahes" Spielzeug. Auch der Strukturanteil der Produktion von Blech- und Metallspielwaren, die u.a. Modelleisenbahnen umfaßt, blieb im Zehn-Jahres-Vergleich — von Schwankungen abgesehen — weitgehend konstant; in dieser Entwicklung spiegelt sich vor allem die Tatsache wider, daß immer mehr Erwachsene dieses Hobby für sich entdecken.

Wegen der langfristig rückläufigen Produktion hat sich die Zahl der Betriebe und Unternehmen sowie der Beschäftigten seit 1965 erheblich vermindert (Tabelle A71). Obwohl infolge der bereits vielfach erwähnten Umstellungen in der Statistik keine genauen Aussagen gemacht werden können, so muß man wohl davon ausgehen, daß in den letzten eineinhalb Jahrzehnten etwa ein Drittel der Betriebe und Unternehmen (mit 10 bzw. 20 und mehr Beschäftigten) sowie der Beschäftigten aus dem Markt ausgeschieden ist. Lediglich die Zahl der Kleinbetriebe hat sich nicht wesentlich verändert; dies dürfte damit zusammenhängen, daß es sich bei diesen vorwiegend um Familienbetriebe handelt, die vom Anstieg der Arbeitskosten weniger betroffen sind als andere Betriebe und somit auch eher mit ausländischen Herstellern konkurrieren können.

Die durchschnittliche Betriebs- und Unternehmensgröße hat sich in der Spielwarenindustrie im Untersuchungszeitraum — eliminiert man die Veränderungen infolge Umstellungen in der Statistik — kaum verändert (Tabelle A72, Beschäftigte je Betrieb bzw. Unternehmen). Nach wie vor ist die Branche durch eine mittelständische Struktur gekennzeichnet. Diese bringt nicht nur Vorteile wie beispielsweise relativ große Flexibilität, Kreativität und Vielseitigkeit des Angebots. Sie ist vor allem dann von Nachteil, wenn es um die Entwicklung neuer Produkte oder den Einstieg in neue Produktbereiche geht. So hatte die mittelständische deutsche Spielwarenindustrie auf dem Markt für Videospiele bislang nur geringe Chancen. Das Geschäft mit den Grundgeräten und der Software wird nach wie vor von amerikanischen Kommunikations- und japanischen Elektronik-Konzernen beherrscht. Diese sind vor allem wegen ihrer riesigen Auflagen im Vorteil. Derartige Firmen gibt es in der Bundesrepublik nicht. Erfolgreiche deutsche Firmen auf dem Elektronik-Sektor werden daher auch in Zukunft die Ausnahme bleiben. Dies nicht zuletzt deshalb, weil die Ausgaben für die Entwicklung neuer Produkte immer größer werden und demzufolge Fehlentwicklungen mit einem hohen finanziellen Risiko verbunden sind. Dieses Risiko könnte durch eine verstärkte Zusammenarbeit mit dem Handel vermindert werden. Insgesamt dürfte in der Bundesrepublik der Anteil des elektronischen Spielzeugs an der Gesamtproduktion von Spielzeug noch weit unter 10 % liegen.

Im traditionellen Spielwaren- und Christbaumschmucksortiment fällt es den deutschen Herstellern zunehmend schwerer, sich gegenüber den ausländischen Konkurrenten zu behaupten, zumal die entsprechenden Produktionsprozesse relativ einfach sind. Die geringen Anforderungen, die im Durchschnitt an die in der Spielwarenbranche Beschäftigten gestellt werden, zeigen sich darin, daß die Entlohnung der Arbeiter in der Branche niedriger ist als im Durchschnitt der Wirtschaftsgruppe „Herstellung von Musikinstrumenten, Spielwaren, Füllhaltern usw." (Tabellen A8 und A72, Bruttolohnsumme je geleisteter Arbeiterstunde). Ein Indiz für das niedrige Anforderungsniveau ist auch der hohe Anteil der Heimarbeit; im Jahr 1979 waren fast 20 % der Gesamtbeschäftigten Heimarbeiter.

Wegen der einfachen Fertigungsweise war es der Branche möglich, die Produktion — zumindest in Teilbereichen — zu mechanisieren und automatisieren. Darauf bedeutet beispielsweise der — gemessen an der Wirtschaftsgruppe — überdurchschnittliche Stromverbrauch je geleisteter Arbeiterstunde hin. Die Investitionsanstrengungen der Hersteller von Spielwaren und Christbaumschmuck fanden ihren Niederschlag in relativ hohen Investitionsintensitäten und -quoten (Tabellen A9 und A73 und Tabelle 20). Vor allem gegen Ende der siebziger Jahre haben zahlreiche Firmen der Branche neue Produktionsmethoden eingeführt (Tabelle 29).

d) Absatzstruktur

Die meist mittelständischen Hersteller von Spielwaren sehen sich auf der Absatzseite großen Abnehmergruppen gegenüber. Die stärkste Marktstellung hat der Fach-Einzelhandel. Auf ihn entfiel 1980 etwa ein Drittel des gesamten Einzelhandelsumsatzes mit Spielwaren[12]. Innerhalb des Fach-Einzelhandels hat der Kooperationsbereich eine sehr starke Stellung; er konnte in den siebziger Jahren seinen Marktanteil von rund 20 % auf 30 % erhöhen. Unter den Verbundgruppen des kooperierten Facheinzelhandels sticht vor allem eine hervor, auf die etwa ein Sechstel des gesamten Umsatzes im Einzelhandel mit Spielwaren entfällt. Neben dem Fach-Einzelhandel waren 1980 am Endabsatz von Spielwaren die Warenhäuser mit etwa 30 %, der Versandhandel mit 8 %, die Verbrauchermärkte und SB-Warenhäuser sowie der branchenfremde Fachhandel mit jeweils 14 % beteiligt.

Der hohe Konzentrationsgrad bei den Abnehmern von Spielwaren stellt zweifelsohne eine gewisse „Marktmacht" gegenüber den Herstellern von Spielwaren dar. Die Klagen der Produzenten richten sich vor allen Dingen gegen Leistungen, die an den Handel zu erbringen sind, wie die Valuta-

[12] Vgl. hierzu und zum folgenden: E. Batzer/E. Greipl/U. Täger, Kooperation im Einzelhandel, Berlin-München 1982.

Regelung[13], Vergütungen für Delkredere-Übernahme und diverse Zuschüsse (für Kataloge, Werbung usw.). Allerdings ist dabei auch zu berücksichtigen, daß zum Beispiel bei der Valuta-Lieferung der Einzelhändler die im Frühjahr angelieferten Artikel oftmals erst zu Beginn der Wintersaison verkaufen kann, also praktisch für die Industrie eine „kostenlose" Lagerfunktion übernimmt..

4. Herstellung von Turn- und Sportgeräten

a) Nachfrageentwicklung

Die deutsche Sportartikelwirtschaft stand jahrelang auf der Sonnenseite der wirtschaftlichen Entwicklung. Von 1965 bis 1980 ist die nominale Inlandsverfügbarkeit an Turn- und Sportgeräten pro Jahr im Durchschnitt um fast 12 % gestiegen (Tabelle A120). Da sich im gleichen Zeitraum die Preise für das Inlandsangebot (Erzeugerpreise und Einfuhrpreise) nur vergleichsweise wenig erhöht haben (um etwa 3,5 % pro Jahr, Tabelle 64), verbleibt immer noch ein reales Wachstum von 8 bis 9 % pro Jahr[14]. Der Boom, den die Nachfrage nach Turn- und Sportartikeln in den sechziger und siebziger Jahren erlebte, ist in engem Zusammenhang mit der wachsenden Freizeit und den intensiven Bemühungen um körperliche Fitness zu sehen. Hinzu kamen weitere Faktoren, so insbesondere die zunehmende sportliche Betätigung des weiblichen Geschlechts und die Demokratisierung ehemals exklusiver Sportarten. Hierzu haben Industrie und Handel erheblich beigetragen, die erkannten, daß die Nachfrage wächst, wenn Sportstätten angeboten werden. Zu den Sportarten, die man heutzutage schon fast als Volkssportarten bezeichnen kann, zählen vor allem Tennis, Reiten und Segeln. Welchen Aufschwung beispielsweise Tennis in der Vergangenheit genommen hat, läßt sich daran ablesen, daß die Geräte für den Tennissport ihren Anteil an der gesamten Inlandsverfügbarkeit an Turn- und Sportgeräten in der ersten Hälfte der siebziger Jahre verdoppelt haben (Tabelle A121). Bis weit in die siebziger Jahre hinein ging auch von zahlreichen Produktinnovationen ein das Wachstum des Marktes für Sportartikel stimulierender Effekt aus. Dabei handelte es sich nicht nur um völlig neue Produkte wie beispielsweise das Surfboard, sondern auch und vor allem um verbesserte Produkte, und zwar aufgrund Verwendung neuer Materialien (z. B. Kunststoff für Tennisschläger und Skier) oder neuartiger Konstruktionen (z. B. No-wax-Langlauf-Skier oder technisch verbesserte Sicherheitsbindungen).

---

[13] Die Valuta-Regelung beinhaltet, daß die Bezahlung der Produkte durch den Handel erst nach Wochen oder sogar Monaten erfolgt.

[14] Zum Sportartikelmarkt zählen hier *nicht* Sportbekleidung und -schuhe.

In jüngster Zeit hat die Häufigkeit von Produktinnovationen stark abgenommen. Dies war mit ein Grund dafür, daß sich das Wachstum des Marktes erheblich verringerte und in den Jahren 1981 (Tabelle A120) und 1982 in einen Rückgang umschlug. Diese Entwicklung war auch durch Sättigungserscheinungen in zahlreichen Produktsegmenten bedingt. Hingewiesen sei hier nur auf den Alpinski-Markt, dessen Wachstum bereits seit Anfang der siebziger Jahre wesentlich zurückgegangen war. Schließlich wurde die Nachfrage nach Sportartikeln durch die gesamtwirtschaftliche Rezession negativ tangiert. Während noch in früheren konjunkturellen Abschwüngen der Kauf von Sportartikeln kaum berührt wurde, hat die jüngste Rezession die Kaufbereitschaft in diesem Bereich stark gedrückt. Im Jahr 1982 ging der (reale) Umsatz des Facheinzelhandels mit Sportartikeln um etwa 8 % zurück. Damit hat die These von der Konjunkturunabhängigkeit der Ausgaben für Sportartikel keine Gültigkeit mehr. Offenbar sind die Verbraucher auch nicht mehr bereit, Sportartikel sozusagen „prophylaktisch" vor Beginn der jeweiligen Saison zu kaufen, sondern sie kaufen die Artikel erst dann, wenn sie sie auch wirklich brauchen (z. B. kurz vor dem Urlaub) oder sie warten ab, wie sich die Witterung entwickelt (so hatte der Verkauf von Skiern im Herbst 1982 vor allem unter Schneemangel zu leiden).

b) Außenwirtschaftliche Verflechtung

Die Bundesrepublik ist einer der größten Märkte für Sportartikel in der Welt; speziell bei Skiern hält sie in der Welt den Spitzenplatz. Es liegt auf der Hand, daß ein derartiger Markt die ausländischen Hersteller geradezu „magisch" anzieht. Dementsprechend hoch sind die Einfuhren an Sportartikeln; sie erreichten im Jahr 1980 mit fast 580 Mill. DM ihren bisherigen Höhepunkt (Tabelle A131) und übertrafen die Ausfuhren (228 Mill. DM, Tabelle A122) um 350 Mill. DM. Damit hatte sich der Einfuhrüberschuß gegenüber 1965 mit 8 Mill. DM außerordentlich stark erhöht. Zwar war der Einfuhrüberschuß in den Jahren 1981 und 1982 rückläufig; dies war nicht nur auf eine verbesserte internationale Wettbewerbsposition der deutschen Hersteller als vielmehr auf konjunkturelle und strukturelle Faktoren zurückzuführen. Zu letzteren sind vor allem die sinkende Nachfrage nach Skiern sowie der auslaufende kurzfristige Boom bei Skateboards und Rollerskates zu zählen.

Bei Skiern und sonstigen Geräten für Eis- und Wintersport entfallen auf ausländische Anbieter über zwei Drittel des Marktes (Tabelle A133). Noch höhere Importquoten sind bei Geräten für Rasensport und für „sonstige Sportarten" sowie bei Schwimm- und Wassersportgeräten zu verzeichnen. Demgegenüber beläuft sich die Importquote bei Turn- und Leichtathletikgeräten auf nur ein Drittel, worin die seit jeher starke Marktstellung der deutschen Hersteller auf diesem Gebiet zum Ausdruck kommt.

Über 50 % der eingeführten Turn- und Sportgeräte kommen aus europäischen Ländern (Tabelle A135). Deren Stellung ist naturgemäß bei Geräten für den Eis- und Wintersport relativ stark. Speziell bei Skiern sind die wichtigsten Lieferländer Österreich, Frankreich, Finnland und Italien. Bei Geräten für den Sommersport haben sich jedoch in den vergangenen Jahren die Entwicklungsländer als Lieferanten stark in den Vordergrund geschoben; im Jahr 1980 entfiel auf diese Ländergruppe fast ein Viertel der gesamten Einfuhren an Turn- und Sportgeräten. Vielfach handelt es sich dabei um relativ einfache Produkte, die recht preisgünstig angeboten werden; dies geht auch daraus hervor, daß sich die Preise für eingeführte Turn- und Sportgeräte seit 1970 wesentlich weniger verteuerten als die in der Bundesrepublik produzierten Turn- und Sportgeräte (Tabelle 64).

Da die deutschen Hersteller bei den Preisen mit der Auslandskonkurrenz vielfach nicht konkurrieren konnten, versuchten sie über die Betonung qualitativer Wettbewerbsfaktoren im Inland verlorenes Terrain durch erhöhte Exporte auszugleichen. Aufgrund qualitativ und technologisch hochstehender Produkte sowie entsprechender Serviceleistungen konnten insbesondere einige Hersteller von Schwimm- und Wassersportgeräten, von „Geräten für andere Sportarten“ sowie von Geräten für den Rasensport beachtliche Exporterfolge erzielen (Tabelle A124). Demgegenüber ist die Exportintensität bei Geräten für den Tennis- und Wintersport verhältnismäßig niedrig. Diese Marktsegmente werden weltweit von einigen großen Unternehmen beherrscht, die entsprechend große Stückzahlen produzieren und mit denen die meisten deutschen Hersteller — auch unter technologischen Gesichtspunkten — vielfach nicht konkurrieren können.

Die wichtigsten Exportmärkte der deutschen Produzenten von Turn- und Sportgeräten liegen überwiegend in europäischen Ländern (Tabelle A126). Noch zu Beginn der siebziger Jahre waren auch die USA mit einem Anteil von über einem Viertel am deutschen Export beteiligt. Der Anteil der USA war jedoch in den vergangenen Jahren der Tendenz nach rückläufig, was auf erhebliche Absatzschwierigkeiten auf diesem Markt hindeutet.

Die deutschen Hersteller von Turn- und Sportgeräten hielten in den siebziger Jahren am Welthandel einen Anteil zwischen 5 und 6 % (Tabelle A129). Teilweise wesentlich größere Weltmarktanteile entfielen auf die USA, Frankreich, Österreich und Japan. Bemerkenswert ist, daß die japanischen Hersteller ihre vormals führende Weltmarktposition verloren haben, und zwar in erster Linie an die südostasiatischen Schwellenländer, die 1980 bereits nahezu ein Viertel des Welthandels bestritten. Das Vordringen dieser Länder bedeutet für die Produzenten in den westlichen Industrieländern vor allem auf dem Gebiet der Geräte für den Sommer- und Hallensport eine erhebliche Gefahr.

Für die deutschen Hersteller von Turn- und Sportgeräten war der Wettbewerbsdruck aus dem Ausland schon in den vergangenen Jahrzehnten relativ hoch. Dies zeigen die Branchenspezialisierungskoeffizienten, die durchwegs niedriger liegen als im Durchschnitt für die gesamte Industrie der Bundesrepublik (Tabelle A138). Drastisch verschlechtert hat sich in den siebziger Jahren das sogenannte RCA-Maß.

c) Produktion und Produktionsfaktoren

Die Produktion von Turn- und Sportgeräten ist zwar in der Bundesrepublik im Zeitraum 1965 bis 1980 der Tendenz nach angestiegen (Tabelle A118) und erreichte ein reales Wachstum pro Jahr von 4 bis 5 %. Dies kann jedoch nicht darüber hinwegtäuschen, daß vor allem in jüngster Zeit die Branche mit erheblichen Problemen zu kämpfen hatte. Diese resultierten vor allem aus weltweiten Überkapazitäten auf einigen Märkten (insbesondere bei Skiern), und zwar aufgrund einer erheblichen Überschätzung der Nachfrage. Da Angebot und Nachfrage auf dem deutschen Markt nicht mehr „im Lot" waren, kam es zeitweise zu Preiskämpfen sowohl auf der Herstellerstufe als auch im Handel. Das Ausmaß dieser Preiskämpfe zeigt sich unter anderem darin, daß die Erzeugerpreise für Eis- und Wintersportgeräte zwischen 1975 und 1981 nicht gestiegen sind (Tabelle 64). Der scharfe Preiswettbewerb und die Produktionseinbußen[15] führten dazu, daß international nicht mehr wettbewerbsfähige Produzenten aus dem Markt ausscheiden mußten; so hat sich die Zahl der Betriebe und Unternehmen zu Beginn der achtziger Jahre beträchtlich vermindert (Tabelle A115).

Die Schwierigkeiten, denen sich einige Branchen der deutschen Sportartikelindustrie gegenübersehen, resultieren in erster Linie aus der mittelständischen Struktur[16]. Diese bietet zwar in gewisser Hinsicht Vorteile (vor allem in bezug auf Flexibilität und Vielfalt des Angebots), sie ist aber von Nachteil, wenn es gilt, mit potenten ausländischen Wettbewerbern auf technologisch anspruchsvollen Märkten und beim Marketing Schritt zu halten. Vielfach sind davon insbesondere kleinere Unternehmen überfordert, da sie die oft enormen Entwicklungskosten für neue Produkte und die notwendigen Werbungskosten nicht aufbringen können. Die Schwierigkeiten der Branche in jüngster Zeit zeigen sich nicht zuletzt darin, daß sie ihre Investitionsanstrengungen in der zweiten Hälfte der siebziger Jahre erheblich reduziert hat (Tabelle A117). Im Hinblick auf die internationale Wettbewerbsfähigkeit der Branche sind daraus — sofern es sich um unterlassene Innovationsinvestitionen handelt — erhebliche Gefahren zu befürchten.

---

[15] Die nominale Produktion von Geräten für den Eis- und Wintersport war seit 1979 rückläufig (Tabelle A118).

[16] Vgl. Tabelle A116, Beschäftigte je Betrieb und je Unternehmen.

d) Absatzstruktur

Am Absatz von Sportartikeln hat der Fach-Einzelhandel mit über 70 % einen sehr hohen Anteil[17]. Allein 50 % des Marktvolumens entfallen auf den kooperierten Fachhandel; dieser konnte seinen Marktanteil durch Aufnahme neuer Mitgliedsunternehmen und durch Neugründungen von Gruppen seit 1970 beträchtlich erhöhen. Der nichtorganisierte Fachhandel war dagegen Marktverlierer; im Jahr 1980 konnte er nur noch einen Marktanteil von gut 20 % behaupten. Die Warenhäuser konnten sich durch den verstärkten Ausbau ihrer Sportabteilungen sowie Sporthäuser zunehmend als Fachanbieter profitieren (Marktanteil 1980 etwa ein Sechstel). Der Versandhandel gewann unter anderem durch die Herausgabe von Spezialkatalogen für den Sport- und Freizeitmarkt an Attraktivität. Insgesamt gesehen stellt sich die Abnehmerstruktur der Hersteller von Turn- und Sportgeräten als verhältnismäßig hoch konzentriert dar. Der Konzentrationsgrad hat sogar in jüngster Zeit durch die Übernahme der Zentrasport durch die Verbundgruppe Intersport nochmals zugenommen. Die Folgen dieser hohen Konzentration zeigen sich unter anderem in einem Druck auf Preise und Konditionen der Hersteller. Andererseits ist aber auch zwischen den schiedenen Betriebsformen des Einzelhandels der Wettbewerb sehr intensiv, da der Markt „übersetzt" ist. Dies hatte nicht nur zur Folge, daß die Einzelhandelspreise für Turn- und Sportgeräte zwischen 1976 und 1981 nur um 12 % gestiegen sind (Tabelle 64)[18], sondern daß auch die Vertriebspolitik vieler Hersteller, vor allem der Markenfabrikanten, „durchlöchert" wurde.

5. Herstellung von Schmuckwaren sowie von Münzen und Medaillen

a) Nachfrageentwicklung

Schmuckwaren haben unter dem Gesichtspunkt der Nachfrage eine Doppelfunktion: Sie sind sowohl Konsumgut als auch (Kapital-)Anlageobjekt. Die letztgenannte Funktion gewinnt vor allem in Zeiten niedriger Zinsen und gleichzeitig hoher Inflationsraten an Bedeutung, also in Zeiten, in denen sich eine „Flucht" in Sachwerte lohnt. Diese Konstellation war beispielsweise in den Jahren 1978 und 1979 gegeben; damals stieg die (nominale) Nachfrage

---

[17] Diese und die folgenden Zahlen beziehen sich auf den Einzelhandel mit Sport- und *Camping*artikeln (letztere zählen *nicht* zu Turn- und Sportgeräten). Des weiteren ist zu berücksichtigen, daß der branchenfremde Fachhandel mit Sport- und Campingartikeln in den vorgelegten Zahlen nicht enthalten ist. Vgl. E. Batzer u.a., Kooperation im Einzelhandel.

[18] Im gesamten Einzelhandel haben sich die Preise im selben Zeitraum um 22 % erhöht.

nach Schmuck aus Edelmetallen mit zweistelligen Zuwachsraten (Tabelle A156). Demgegenüber hat sich in diesen Jahren die Nachfrage nach Mode- und Imitationsschmuck nur wenig erhöht, was darauf hinweist, daß sich als Anlageobjekt selbstverständlich nur wertvolle Stücke eignen, so insbesondere Schmuck aus Edelmetallen und Diamantenschmuck. In den Jahren 1978 und 1979, aber auch noch im Jahr 1980 waren auch Münzen und Medaillen, die in erster Linie aus dem Ausland importiert wurden (Tabelle A173), als Kapitalanlage sehr gefragt. Ursächlich dafür war die erhebliche Verteuerung von Gold (Tabelle 65), die ihrerseits wiederum spekulative Nachfrage auslöste.

Mit dem Ende des „Goldbooms" zur Jahreswende 1980/81 ging die Nachfrage nach Münzen und Medaillen drastisch zurück. Die Nachfrage nach Schmuck aus Edelmetallen war bereits im Jahr 1980 rückläufig. Dies war in erster Linie bedingt durch die Stagnation der Realeinkommen. Damit ist die Konsumgut-Funktion von Schmuckwaren angesprochen; sie beinhaltet, daß die Nachfrage nach Schmuckwaren von der Entwicklung der Realeinkommen abhängt. In Zeiten stagnierender oder sinkender Realeinkommen können die Käufe von Schmuckstücken — wegen deren Luxuscharakter — ohne weiteres zurückgestellt werden. Dagegen hatte sich bis Mitte der siebziger Jahre die (nominale) Nachfrage nach Schmuck aus Edelmetallen stark erhöht (Tabelle A156); sie war im Zeitraum 1965 bis 1975 im Durchschnitt pro Jahr um gut 4 % gestiegen. Allerdings hatte schon damals die reale Nachfrage abgenommen, da die Preise in dem genannten Zeitraum um etwa 6 bis 7 % pro Jahr gestiegen waren.

Außer vom Einkommen ist die Nachfrage nach Schmuck auch von modischen Strömungen abhängig. In den vergangenen Jahren hat sich gezeigt, daß sich die Gestaltung und Farbgebung der Schmuckwaren zunehmend an der herrschenden Bekleidungsmode orientierte. Diese Modeabhängigkeit kommt nicht nur bei wertvolleren Schmuckstücken zum Ausdruck, sondern auch und vor allem beim sogenannten Modeschmuck aus unedlen Metallen und beim Glasimitationsschmuck. Dieser relativ billige Schmuck spricht weitgehend andere Käuferschichten an als der Schmuck aus Edelmetallen; zwischen beiden Schmuckarten bestehen daher nur geringe Substitutionsbeziehungen. Die Nachfrage nach Mode- und Imitationsschmuck zeigt ein spezifisches Verhalten im Konjunkturzyklus. Da es sich bei „unechtem" Schmuck vielfach um alltägliche Gebrauchsgüter handelt, wird die Nachfrage von konjunkturellen Rückschlägen vergleichsweise wenig beeinflußt.

Neben dem Einkommen und der Mode wird die Nachfrage nach Schmuck auch von ideellen Faktoren bestimmt: Es ist der Wunsch des Menschen, sich zu schmücken. Dieser Wunsch ist seit jeher Bestand menschlicher Kultur. Allerdings ist die Intensität dieses Wunsches nicht unabhängig von den jeweiligen gesellschaftlichen Verhältnissen. Es scheint, daß gegenwärtig in gewissen Bevölkerungskreisen dieser Wunsch wenig ausgeprägt ist, was zum Teil die schwache Inlandsnachfrage nach Schmuck zu Anfang der siebziger Jahre erklärt.

b) Außenwirtschaftliche Verflechtung

Der internationale Warenaustausch mit Schmuckwaren ist zwischen Ländern mit relativ hohem Lebensstandard äußerst intensiv. Auch der Schmuckwarenmarkt der Bundesrepublik ist in den internationalen Handel stark eingebunden. Zu Beginn der achtziger Jahre hatte das Ausland bereits einen Marktanteil von über 50 % (Tabelle A175). Eine besonders starke Position haben die ausländischen Anbieter bei Modeschmuck und Imitationsschmuck. Auf diesem Gebiet konnten in den vergangenen Jahren vor allem Niedrigpreisanbieter aus dem südostasiatischen Raum große Erfolge erzielen (Tabelle A181). Aber auch bei Schmuck aus Edelmetall können die Anbieter aus diesem Raum mit den deutschen Schmuckproduzenten — was Qualität und Design betrifft — zunehmend konkurrieren. Allerdings wird „echter“ Schmuck zum weitaus größten Teil immer noch aus den europäischen Ländern importiert (Tabelle A179).

Auch die deutsche Schmuckwarenindustrie, die aufgrund der guten Verarbeitung und des Einfallsreichtums der Produzenten einen weltweiten Ruf besitzt, hat ihre wichtigsten Exportmärkte in Europa (Tabellen A164 und A166); sie liefert jedoch praktisch in alle Länder der Welt. Seit Mitte der siebziger Jahre hat sich ihr in den OPEC-Ländern ein neuer lukrativer Markt eröffnet, auf den 1980 bereits 6 % der Ausfuhren an Schmuck aus Edelmetall entfielen. Wichtigstes Abnehmerland für deutschen Schmuck ist jedoch die Schweiz. Allerdings dürfte die Schweiz in den wenigsten Fällen das Land sein, in dem auch die Endabnehmer ihren Sitz haben. Vielmehr ist die Schweiz in erster Linie Transitland für deutschen Schmuck. Derartige Geschäfte werden in zunehmendem Maße von Händlern abgewickelt. Dies mag auch zum Teil erklären, weshalb in der Schmuckwarenbranche der Anteil des *Auslandsumsatzes* am Gesamtumsatz wesentlich niedriger ist als die Exportquote, bei der die *Ausfuhren* (Verzollungszahlen) auf die Produktion bezogen werden (Tabelle A144 und A160). Dabei ist jedoch zu beachten, daß in der Produktion die Herstellung der Betriebe mit weniger als 20 Beschäftigten nicht enthalten ist[19].

Gemessen am Welthandel hat sich die Position der Bundesrepublik auf dem internationalen Schmuckmarkt seit Anfang der siebziger Jahre erheb-

[19] Ferner ist zu berücksichtigen, daß im Gesamtumsatz die Handelsware eingeschlossen ist, was teilweise den niedrigen Anteil des Auslandsumsatzes am Gesamtumsatz erklärt.

lich verschlechtert. Lagen die Welthandelsanteile 1970 noch bei über 20 %, so haben sie sich bis 1980 — mit rund 11 % — fast halbiert (Tabellen A169 und A170). Die Ursache für diese Anteilsverluste ist bei Phantasieschmuck vor allem im Vordringen der südostasiatischen Länder, bei Schmuck aus Edelmetallen insbesondere in einem Erstarken der Konkurrenz aus westlichen Industrieländern zu sehen. Gleichwohl ist die internationale Wettbewerbsposition der deutschen Schmuckwarenindustrie — mißt man sie an der Entwicklung der Branchenspezialisierungskoeffizienten — noch relativ hoch, da diese bei oder über 1 liegen (Tabelle A184). Allerdings zeigen auch diese Koeffizienten — insbesondere jene für die Herstellung von Phantasieschmuck — im Zeitablauf eine Verschlechterung an.

c) Produktion und Produktionsfaktoren

Im Bereich der Produktion von Schmuck aus Edelmetall liegen die besonderen Standortvorteile der deutschen Hersteller in einer weitgehenden Spezialisierung, großer Flexibilität und daraus folgend marktgerechtem Design sowie einem hohen Verarbeitungsniveau. Letzteres ist vor allem durch einen hohen Anteil handwerklicher Arbeit bedingt. Aus diesem Grund müssen die Hersteller von „echtem" Schmuck höhere Stundenlohnsätze bezahlen als der Durchschnitt der gesamten hier untersuchten Wirtschaftsgruppe „Herstellung von Musikinstrumenten, Spielwaren, Füllhaltern usw." (Tabellen A146 und A8). Demgegenüber liegen die Vorteile der Herstellung von Phantasieschmuck überwiegend in der Massenproduktion, welche die Anwendung industrieller Verfahrenstechniken (z. B. Pressen, Gießen) erlaubt. Die Branche konnte in dieser Hinsicht in jüngster Zeit offenbar erhebliche Rationalisierungserfolge erzielen, hat sich doch die Lohnquote[20] zwischen 1977 und 1981 von 32 % auf 18 % ermäßigt (Tabelle A147). Der vergleichsweise hohe Mechanisierungsgrad der Fertigung von Phantasieschmuck findet seinen Niederschlag auch in Investitionskennziffern, die deutlich über denen in der Herstellung von Schmuck aus Edelmetall liegen (Tabellen A151 und A152).

Hohe Kapitalintensität ist jedoch — wegen der vergleichsweise hohen internationalen Mobilität von Realkapital — kein Garant dafür, um im Wettbewerb mit Produzenten aus Ländern bestehen zu können, die mit niedrigen Arbeitskosten belastet sind. Die hohen Importquoten bei Mode- und Imitationsschmuck weisen in diese Richtung (Tabelle A175). So führten stark ansteigende Einfuhren und eine bis Mitte der siebziger Jahre steigende und seitdem stagnierende (nominale) Inlandsnachfrage dazu, daß die (nominale) Produktion von „unechtem" Schmuck bis Mitte der siebziger Jahre noch zunahm, seitdem jedoch rückläufig war (Tabelle A154). Eine etwas

[20] Anteil der Bruttolohn- und Gehaltssumme am Umsatz.

günstigere Entwicklung wies im Untersuchungszeitraum die nominale Produktion von Schmuck aus Edelmetallen auf; dabei ist jedoch zu berücksichtigen, daß sich im Zeitraum von 1965 bis 1981 die Erzeugerpreise für Schmuckwaren mehr als vervierfacht haben (Tabelle 64). Real gesehen mußte also die Schmuckwarenbranche in der Vergangenheit ihre Produktion nicht unbeträchtlich einschränken (und zwar in der Größenordnung von 4 % pro Jahr).

Angesichts dieser ungünstigen Produktionsentwicklung ist es nicht überraschend, daß seit Anfang der siebziger Jahre zahlreiche Betriebe und Unternehmen (mit 10 bzw. 20 und mehr Beschäftigten) aus dem Markt ausgeschieden sind und damit eine erhebliche Zahl von Arbeitskräften freigesetzt wurde (Tabelle A139). Da die Zahl der Arbeitskräfte schneller zurückging als die Zahl der Betriebe, hat sich die durchschnittliche Betriebs- und Unternehmensgröße verringert (Tabelle A144). Man kann dies dahingehend interpretieren, daß die Branche — aufgrund ihrer mittelständischen Struktur und des hohen Anteils von Familienbetrieben — in ihrem Kern gesund und wettbewerbsfähig ist. In diese Richtung deutet auch die Tatsache, daß sich die Zahl der industriellen Kleinbetriebe — sieht man von erhebungstechnisch bedingten „Brüchen" in der Zeitreihe ab — im Untersuchungszeitraum nicht wesentlich verändert hat. Diese Robustheit gegenüber wirtschaftlichen Wechsellagen rührt nicht zuletzt daher, daß die Schmuckhersteller seit jeher mit einem Problem konfrontiert waren, das in dieser Schärfe in anderen Branchen nicht auftrat: Gemeint ist die starke Abhängigkeit von den Schwankungen der Rohstoffpreise (vgl. Tabelle 65). Da diese in hohem Maße von spekulativen und schwer vorhersehbaren monetären Einflußfaktoren bestimmt sind, stellt der Einkauf und die Lagerhaltung von Edelmetallen und -steinen eine schwierige Aufgabe dar. Dies vor allem deshalb, weil kurzfristige Schwankungen der Rohstoffpreise im allgemeinen nicht — oder nicht im selben Ausmaß — in den Erzeugerpreisen weitergegeben werden können. So hängt die Ertragslage der Unternehmen entscheidend von einer geglückten Einkaufs- und Lagerhaltungspolitik bei Edelmetallen und -steinen ab.

d) Absatzstruktur

Der weitaus größte Teil der Schmuckwaren wird auch heutzutage noch über den einschlägigen Fachhandel verkauft. Vielfach sind die Händler einer Einkaufsgenossenschaft angeschlossen. Diese haben eine relativ starke Marktstellung; insbesondere können sie unter einer Vielzahl von Schmuckwarenherstellern, die als Lieferanten infrage kommen, auswählen. Über die Einkaufsgenossenschaft wird in erster Linie „echter" Schmuck der unteren und mittleren Preislagen abgesetzt. Beim Absatz von Doublé-Schmuck sowie von billigem Gold- und Silberschmuck ist im allgemeinen der Großhandel zwischengeschaltet. Vor allem die großen Schmuckhersteller bedienen sich dieses Absatzkanals. Höherwertiger Schmuck wird in der Regel direkt vom Hersteller an den Facheinzelhandel geliefert; in nicht wenigen Fällen sind auch Hersteller und Händler identisch.

In den letzten Jahren haben sich als Verkaufsstätten für Schmuckwaren auch Warenhäuser, der Versandhandel sowie die Verbrauchermärkte in den Vordergrund geschoben. Dabei wird in diesen Verkaufsstätten überwiegend Mode- und Imitationsschmuck angeboten. Mehr und mehr erscheinen jedoch auch spezielle Kollektionen „echten“ Schmucks in diesen Verkaufsstätten. Insbesondere die Kaufhäuser versuchen, das Niveau ihres Angebots stark anzuheben, zum Beispiel durch die Einrichtung spezieller „Schmuck-Boutiquen“.

6. Bearbeitung von Edel- und Schmucksteinen, Perlen u. ä.

a) Nachfrageentwicklung

Ein bedeutender Teil von bearbeiteten Edel- und Schmucksteinen, Perlen, Perlmutter und Hartglas fließt als Vormaterial in die Schmuckwarenindustrie. Die Nachfrage nach diesen Produkten hängt also letztendlich von denselben Faktoren ab wie jene nach Schmuckwaren (vgl. Kapitel 5.1). Unter diesen Faktoren hatten offenbar in der ersten Hälfte der siebziger Jahre die Präferenzen der Verbraucher für Edel- und Schmucksteine (ohne Diamanten) sowie für Perlen etc. ein besonderes Gewicht, da sich in diesem Zeitraum sowohl die entsprechende nominale als auch reale Nachfrage stark erhöhte (Tabelle A190). Seitdem hat sich die Nachfrageentwicklung — wie überschlägige Schätzungen ergaben[21] — dem nominal stagnierenden und real rückläufigen Entwicklungstrend der Nachfrage nach Schmuckwaren angepaßt.

Die Nachfrage nach (Schmuck-)Diamanten wird weniger von immateriellen Faktoren wie dem Schmuckbedürfnis, als vielmehr von materiellen Faktoren bestimmt. Qualitativ hochwertige Diamanten sind in erster Linie Anlageobjekte; sie stellen den mobilsten Sachwert dar, der sich denken läßt. Die Nachfrage nach Diamanten orientiert sich daher in erster Linie an der Entwicklung der Inflationsrate. So löste der Ölpreisschub im Jahr 1973 einen erheblichen Nachfrageschub aus (Tabelle A190), der sich in gestiegenen Preisen niederschlug. Die Rezession in den Jahren 1974 und 1975 bewirkte

[21] Wegen erheblicher statistischer Lücken und Brüche im statistischen Material ließ sich eine durchgehende Zeitreihe für die Nachfrage nach Edelsteinen und Schmucksteinen nicht errechnen.

einen Nachfrage- und Preisrückgang. Dieser hielt sich allerdings in Grenzen, da die „Central Selling Organisation" (CSO) des De-Beers-Konzern, über die etwa 85 % der weltweiten Rohdiamantenproduktion vertrieben wird, eine wirksame Marktpflege durchführte. Mit der Belebung der Weltwirtschaft im Jahr 1978 zogen auch die Inflationsraten wieder an, was sich in einer entsprechenden Belebung der Nachfrage nach Diamanten[22] und in einem Preisanstieg niederschlug. Dieser erreichte im Frühjahr 1981 seinen bisherigen absoluten Höhepunkt, als sich Inflationsängste und Spekulationen gegenseitig aufschaukelten (Tabelle 66)[23]. Der Preisanstieg fand sein Ende, als die Wirtschaftspolitik weltweit auf eine Bekämpfung der Inflation umschaltete. Der Rückgang der Einfuhr von Diamanten in die Bundesrepublik im Jahr 1981 war Folge dieses wirtschaftspolitischen Kurswechsels (Tabelle A197). Seitdem sind die Umsätze auf dem Diamantenmarkt stark geschrumpft.

Die nominale Nachfrage nach technischen Steinen hat seit 1970 — betrachtet man den Trend — stagniert (Tabelle A190); real gesehen war ein Rückgang zu verzeichnen. Die kurzfristige Entwicklung der Nachfrage hängt stark von der allgemeinen konjunkturellen Lage im Verarbeitenden Gewerbe ab. Dies zeigte sich besonders deutlich im Rezessionsjahr 1981, in dem die Nachfrage nach technischen Steinen einen Tiefpunkt erreichte.

b) Außenwirtschaftliche Verflechtung

Die Bundesrepublik ist einer der größten Märkte der Welt für bearbeitete Edel- und Schmucksteine sowie Perlen. Bei Diamanten allein liegt sie hinter den USA und Japan an dritter Stelle. Es ist verständlich, daß ein derart lukrativer Markt von zahlreichen ausländischen Anbietern umworben ist; diese besitzen wesentlich größere Marktanteile als die deutschen Hersteller (Tabelle A199)[24]. Dies ist natürlich auch dadurch bedingt, daß es in Deutschland praktisch keine Fundstätten mehr für Edel- und Schmucksteine gibt. Lediglich auf dem Markt für technische Steine ist die Marktstellung der deutschen Schleifereien relativ stark.

Der — zumindest bis Ende der siebziger Jahre — schnelle Anstieg der Einfuhr von bearbeiteten Edel- und Schmucksteinen (Tabelle A197) ist zu einem wesentlichen Teil bedingt durch ein zunehmendes Angebot aus Nied-

---

[22] Der Nachfrageanstieg in der Bundesrepublik läßt sich indirekt an der Zunahme der Einfuhren im Jahr 1978 ablesen (Tabelle A197).

[23] In Tabelle 66 sind die Preise für Diamanten und anderer Edelsteine in jeweils einer Indexzahl zusammengefaßt. Entsprechend dem großen Gewicht der Diamanten in Nachfrage und Einfuhr hat jedoch der Diamantenpreis das größte Gewicht.

[24] Importquoten von über 100 % in Tabelle A199 sind dadurch bedingt, daß ein Teil der eingeführten Ware wieder ausgeführt wird.

riglohnländern. Bei Farb- und Schmucksteinen sind hier an erster Stelle Brasilien und einige afrikanische Länder zu nennen, die zunehmend dazu übergehen, in der Nähe der Fundgebiete Schleifzentren zu errichten. Erhebliche Bedeutung als Lieferant von Schmucksteinen haben in den siebziger Jahren auch einige Mittelmeerländer erlangt (Tabelle A201). Bei Diamanten ist Belgien der weitaus wichtigste Lieferant (mit Antwerpen als dem größten Zentrum der Diamantenwirtschaft in der Welt), aber auch Zentren in Entwicklungsländern gewinnen zusehends an Bedeutung. So existieren beispielsweise in Bombay etwa 150 000 bis 200 000 Kleinstschleifereien für Billigdiamanten, die fast ausschließlich in den Export gehen.

Aufgrund der wachsenden Auslandskonkurrenz mußte die deutsche Edelsteinindustrie in den vergangenen Jahren auf den Weltmärkten einige empfindliche Einbußen hinnehmen; darauf deutet der tendenzielle Rückgang des Anteils des Auslandsumsatzes am Gesamtumsatz hin (Tabelle A186). Dies war in erster Linie bedingt durch einen Rückzug der deutschen Schleifereien aus Marktsegmenten, in denen Billiganbieter vorgedrungen sind. Bei hochwertiger Qualitätsware haben die deutschen Edelsteinschleifer aber nach wie vor einen guten Ruf in der Welt; dieser findet beispielsweise seinen Ausdruck in dem berühmten „Idaer-Schliff". Der Export der deutschen Edelsteinschleifer gründet sich nicht zuletzt auf deren viele Jahrzehnte währende Beziehungen zu den wichtigsten Verbrauchszentren in aller Welt. Die Ausfuhr ist regional sehr weit gestreut (Tabelle A195), Steine aus deutscher Bearbeitung werden in über 120 Ländern der Welt abgesetzt.

Der Anteil der Bundesrepublik am Welthandel mit Edel- und Schmucksteinen[25] war in der zweiten Hälfte der siebziger Jahre rückläufig und erreichte 1980 nur noch 1 % (Tabelle A196)[26]. Dementsprechend ungünstig stellt sich auch die internationale Wettbewerbsposition der deutschen Edelsteinindustrie dar (Tabelle A184, Bereich „Echte Perlen, Edelsteine usw.").

c) Produktion und Produktionsfaktoren

Aufgrund des zunehmenden Konkurrenzdrucks aus dem Ausland und der vor allem seit Mitte der siebziger Jahre schwachen Inlandsnachfrage hat die Produktion von bearbeiteten Edelsteinen und Diamanten im Untersu-

[25] Roh und bearbeitet, sowie Waren daraus.

[26] Der Anteilswert der Bundesrepublik am Welthandel wird in Tabelle A196 insofern als zu niedrig dargestellt, als die Bezugsgröße sowohl bearbeitete *als auch rohe* Edel- und Schmucksteine umfaßt, der Export der Bundesrepublik an rohen Steinen — im Gegensatz zu anderen Ländern — jedoch relativ niedrig ist. Zu diesen Ländern zählen nicht nur jene Länder, in denen Edelsteine gewonnen werden (u. a. die Region „Übrige Welt" in Tabelle A196), sondern auch Großbritannien, das aufgrund seiner weltberühmten Handelshäuser einen hohen Anteil am Welthandel mit Edel- und Schmucksteinen besitzt.

chungszeitraum eine recht ungünstige Entwicklung genommen. Während die nominale Produktion in der zweiten Hälfte der sechziger Jahre pro Jahr noch um etwa 8 % zunahm, hat sie seitdem der Tendenz nach — schaltet man die statistischen Brüche wegen der Umstellung in der Statistik aus — stagniert (Tabelle A188). Berücksichtigt man die Preisentwicklung, so ergibt sich für den Zeitraum von 1965 bis 1970 ein leichtes reales Produktionswachstum, wogegen seit 1970 ein Rückgang der realen Produktion zu verzeichnen ist. Besonders stark ist die Produktion der Diamantschleifereien geschrumpft. Heutzutage werden in der Bundesrepublik nur noch teure, größere Steine geschliffen; die Bearbeitung kleinerer Diamanten ist in der Bundesrepublik wegen des hohen Anteils manueller Arbeit und der daraus folgenden hohen Lohnkostenbelastung nicht mehr wettbewerbsfähig. Diese Aussage gilt auch für die sonstigen Zweige der Edelsteinindustrie; generell haben sich diese in der Vergangenheit immer stärker auf die Bearbeitung höherwertiger Steine spezialisiert, bei denen die Löhne weniger ins Gewicht fallen. Auf diesem Gebiet haben die deutschen Schleifereien komparative Wettbewerbsvorteile gegenüber Schleifereien in der Dritten Welt, können sie doch in der „Kunst" des Schleifens auf eine jahrzehnte- und sogar jahrhundertelange Tradition zurückblicken. Zudem haben sie einzelne Teile des Produktionsprozesses mehr und mehr mechanisiert, worauf unter anderem der rasch steigende Stromverbrauch je Arbeiterstunde hinweist (Tabelle A186).

Die ungünstige Entwicklung der Produktion und die zunehmende Mechanisierung der Fertigungsvorgänge haben in der deutschen Edelsteinindustrie zu einem erheblichen „Aderlaß" an Betrieben, Unternehmen und Beschäftigten geführt. Man kann davon ausgehen, daß sich die Zahl der Beschäftigten zwischen 1965 und Anfang der achtziger Jahre etwa halbiert hat (Tabelle A185). Gegenwärtig dürften noch rund 600 Schleifereien existieren, wovon etwa 300 weniger als fünf Personen beschäftigen.

d) Absatzstruktur

Wichtigste Abnehmer von bearbeiteten Edel- und Schmucksteinen sind die Schmuckwarenfabrikanten und Juweliere. Zwischen diesen beiden Marktpartnern bestehen enge und vielfach schon Jahre dauernde Beziehungen, die beiden zum Vorteil gereichen. Nur einige wenige Schleifereien betreiben den Verkauf ihrer Erzeugnisse an den Endverbraucher „direkt", das heißt, sie besitzen eigene Einzelhandelsgeschäfte. Wesentlich häufiger ist dagegen der direkte Vertrieb bei technischen Steinen — also von den Schleifereien an die industriellen Verwender — anzutreffen.

7. Herstellung von Füllhaltern u. ä., Stempeln; Verarbeitung von natürlichen Schnitz- und Formstoffen

a) Nachfrageentwicklung

Der weitaus größte Teil der Nachfrage nach den Erzeugnissen des hier zu untersuchenden Wirtschaftszweiges entfällt auf Füllhalter, Kugelschreiber u. ä. Die nominale Nachfrage nach diesen Erzeugnissen hat sich im Untersuchungszeitraum nahezu kontinuierlich erhöht, und zwar durchschnittlich um etwa 7 % pro Jahr (vgl. auch Tabelle A210). Da die Erzeugerpreise zwischen 1965 und 1981 pro Jahr „nur" um gut 3 % gestiegen sind (Tabelle 67), verbleibt ein beachtliches reales Nachfragewachstum von fast 4 %. Von erheblicher Bedeutung für diese günstige Nachfrageentwicklung war die überproportionale Zunahme der Organisations- und Verwaltungsabteilungen in allen Sektoren der Wirtschaft. Die Expansion der Nachfrage wurde vor allem von den Tintenschreibern getragen, die ihren Anteil an der wertmäßigen Inlandsverfügbarkeit an Schreibgeräten von gut 20 % (1970) auf 34 % (1981) erhöhen konnten (Tabelle A211). Nach wie vor sehr beliebt sind die Kugelschreiber. Stückzahlenmäßig betrachtet hat die Nachfrage nach diesen Schreibgeräten in jüngster Zeit wieder zugenommen. Auch der Füllhalter ist nach wie vor „in Mode", die Produktion zeigt seit 1981 wieder steigende Tendenz.

Ebenso positiv beeinflußt von der Zunahme der Organisations- und Verwaltungsarbeiten wurde in den vergangenen Jahren die Nachfrage nach Stempeln (Tabelle A213). Demgegenüber hat sich die Nachfrage nach Waren aus natürlichen Schnitz- und Formstoffen in der ersten Hälfte der siebziger Jahre vermindert (Tabelle A214). Mit der zunehmenden Vorliebe der Verbraucher für kunstgewerbliche Erzeugnisse hat sich die Nachfrage nach Waren aus Schnitz- und Formstoffen wieder erhöht.

b) Außenwirtschaftliche Verflechtung

Die Herstellung von Füllhaltern und Kugelschreibern in der Bundesrepublik hat — international gesehen — eine relativ starke Position: Die Ausfuhr belief sich 1981 auf 379 Mill. DM (Tabelle A215), während die Einfuhr im selben Jahr nur 131 Mill. DM erreichte (Tabelle A227). Demzufolge lag auch die Exportquote mit fast 60 % (Tabelle A220) wesentlich über der Importquote mit gut 30 % (Tabelle A232)[27]. Besonders exportfreudig sind die Hersteller von Tintenschreibern, offenbar aufgrund eines innovatorischen

[27] Bei der Interpretation der Importquote ist zu berücksichtigen, daß ein Teil der Importware wieder exportiert wird.

Vorsprungs gegenüber der Auslandskonkurrenz. Demgegenüber besitzen die ausländischen Hersteller von Kugelschreibern einen Anteil von nahezu 60 % auf dem deutschen Markt. Da die mengenmäßige Importquote bei Kugelschreibern noch deutlich höher ist als die wertmäßige (Tabelle A233), hat man davon auszugehen, daß in erster Linie einfache und billige Produkte importiert werden.

Bei Stempeln ist der außenwirtschaftliche Verflechtungsgrad vergleichsweise niedrig (Tabellen A222 und A234). Dies dürfte damit zusammenhängen, daß sich Stempel — wegen der von Land zu Land bestehenden Sprach-, Gesetzes- und sonstigen Barrieren — nur bedingt für den internationalen Warenaustausch eignen. Um so intensiver ist der Außenhandel bei Waren aus natürlichen Schnitz- und Formstoffen (Tabellen A223 und A235). Insbesondere kunstgewerbliche Gegenstände, die zunehmend auch aus Ländern der Dritten Welt eingeführt werden, erfreuen sich beim deutschen Verbraucher steigender Beliebtheit. Füllhalter, Kugelschreiber und Stempel werden dagegen in erster Linie aus den westlichen industrialisierten Ländern eingeführt (Tabelle A237)[28]. Ebenso deutlich auf die Märkte der Industrieländer ausgerichtet sind die Exportanstrengungen der deutschen Hersteller von Füllhaltern, Stempeln u. ä. (Tabelle A225). Der internationale Warenaustausch mit den Produkten des hier behandelten Wirtschaftszweigs findet also in erster Linie zwischen hoch entwickelten Ländern statt. Bei einem derartigen Warenaustausch besitzt die Bundesrepublik komparative Vorteile. Dies zeigt sich nicht nur an dem hohen und relativ konstanten Weltmarktanteil (Tabelle A226), sondern auch am Niveau der Branchenspezialisierungskoeffizienten, die für die deutschen Hersteller eine vergleichsweise hohe internationale Wettbewerbsfähigkeit anzeigen (Tabelle A238).

c) Produktion und Produktionsfaktoren

Die Produktion des Wirtschaftszweigs hat im Untersuchungszeitraum erheblich zugenommen: Die Erzeugung von Füllhaltern, Kugelschreibern u. ä. stieg zwischen 1965 und 1981 pro Jahr nominal um fast 8 % (vgl. auch Tabelle A205), real (also unter Ausschaltung des Preisanstiegs) um etwa 4,5 %; die Produktion von Stempeln dürfte ebenfalls aufwärts gerichtet gewesen sein (Tabelle A208). Lediglich die Erzeugung von Waren aus natürlichen Schnitz- und Formstoffen hatte keinen Zuwachs zu verzeichnen (Tabelle A209). Insgesamt gesehen befand sich der Wirtschaftszweig in den vergangenen Jahren — gemessen am Umsatz — in kräftiger Expansion (Tabelle A202). Die Zahl der Beschäftigten lag im Jahr 1981 — obwohl es

[28] Die Daten in Tabelle A237 beziehen sich auf Füllhalter, Kugelschreiber, Stempel *und* bearbeitete Schnitz- und Formstoffe.

sich bei diesem um ein Rezessionsjahr handelte — über dem Niveau des Jahres 1965. Diese günstige Entwicklung war Folge einer rasch steigenden Nachfrage aus dem In- und Ausland und einer flexiblen und innovationsfreudigen Produktpolitik. Unter diesen Umständen war es den Unternehmen auch möglich, relativ hohe Löhne zu zahlen und eine dementsprechend hohe Lohnquote (über 30 %) zu verkraften (Tabelle A203). Gleichwohl haben die Hersteller erhebliche Anstrengungen unternommen, die Lohnkosten zu drücken; darauf weist nicht nur der erhebliche Anstieg des Stromverbrauchs je geleisteter Arbeiterstunde hin, sondern auch die hohe Investitionsquote (Tabelle A204).

8. Foto- und Filmlabors

a) Nachfrageentwicklung

Das Filmen und Fotografieren hat in der Bundesrepublik in den vergangenen Jahren einen enormen Aufschwung genommen. Dieser wurde vor allem von den privaten Hobby-Filmern und -Fotografen getragen. Ein Indiz dafür ist die gestiegene Ausstattung der privaten Haushalte mit Foto- und Filmapparaten[29]. Aber auch die private Wirtschaft und staatliche Stellen haben zunehmend Filme und Fotografien für die Erreichung ihrer Ziele eingesetzt, so zum Beispiel in der Werbung, in der Produktinformation, im Unterricht und in der Verkehrserziehung. Von der Zunahme dieser Aktivitäten profitierten in hohem Maße die Foto- und Filmlabors. Überschlägige Schätzungen ergeben, daß die nominale Nachfrage nach den Leistungen der Foto- und Filmlabors im Jahr 1981 etwa 50 mal größer war als 1965, was einer durchschnittlichen jährlichen Wachstumsrate von rund 25 % entspricht; auch unter Berücksichtigung des Preisanstiegs dürfte die jährliche Wachstumsrate immer noch bei 20 % gelegen haben. Aufgrund des niedrigen Ausgangsniveaus der Nachfrage im Jahr 1965 ist es selbstverständlich, daß die Wachstumsraten im Laufe des Untersuchungszeitraums kleiner geworden sind. Dabei spielte auch eine Rolle, daß insbesondere die Zahl der Hobby-Fotografen seit den späten siebziger Jahren nur noch wenig zunahm; die hohen Ausstattungsquoten mit Fotoapparaten in den Haushalten mit mittlerem und höherem Einkommen deuten in diese Richtung (vgl. Fußnote 29). Wenn sich

[29] Für die einzelnen Haushaltstypen ergeben sich für die Jahre 1965 und 1981 folgende Ausstattungsgrade:

2-Personen-Haushalte von Renten- und Sozialhilfeempfängern: Fotoapparate 19,9 % und 55,6 %; Schmalfilmkameras 0 % und 1,9 %.

4-Personen-Arbeitnehmerhaushalte mit mittlerem Einkommen: Fotoapparate 77,9 % und 95,7 %; Schmalfilmkameras 2,9 % und 22,6 %.

4-Personen-Haushalte von Beamten und Angestellten mit höherem Einkommen: Fotoapparate 96,6 % und 98,6 %; Schmalfilmkameras 11,2 % und 35,8 %.

(Quelle: Wirtschaft und Statistik, Heft 7/1966 und Heft 5/1982).

dennoch die Nachfrage nach Fotografien seit 1975 stärker erhöht hat als jene nach den sonstigen Erzeugnissen der Foto- und Filmlabors (vgl. auch Tabelle A244), so liegt dies daran, daß in dieser Zeit der Negativ-Film gegenüber dem Umkehrfilm[30] wieder an Boden gewonnen hat. Hinzu kommt, daß aufgrund technischer Verbesserungen die Nachfrage nach Abzügen von Diapositiven erheblich zugenommen hat.

b) Außenwirtschaftliche Verflechtung

Der internationale Handel mit Erzeugnissen der Foto- und Filmlabors ist vergleichsweise gering. Im Jahr 1981 lagen sowohl die Exportquote als auch die Importquote in der Größenordnung von 14 % (Tabellen A247 und A250). Diese niedrigen Quoten erklären sich daraus, daß der Außenhandel im wesentlichen mit technischen Filmen (z. B. Offsetfilme) bestritten wird, während Amateurfilme einen nur geringen Teil ausmachen. Vor allem die privaten Hobby-Fotografen und -Filmer legen großen Wert darauf, ihre entwickelten Filme möglichst rasch wieder in Händen zu haben, was sich nur dann verwirklichen läßt, wenn die Versanddauer nicht durch außenwirtschaftlich bedingte Hemmnisse (z. B. Zollformalitäten) verlängert wird. Aus diesem Grund waren auch die wichtigsten Hersteller von Filmen in der Vergangenheit bestrebt, möglichst in allen bedeutenden Absatzländern eigene Entwicklungslabors einzurichten.

c) Produktion und Produktionsfaktoren

Wegen der geringen außenwirtschaftlichen Verflechtung hat die Produktion der Foto- und Filmlabors im Untersuchungszeitraum eine ähnliche Entwicklung genommen wie die Nachfrage; das reale Produktionswachstum belief sich im Zeitraum 1965/81 auf durchschnittlich 20 % pro Jahr. Diese enorme Expansion schlug sich bis 1980 in einer erheblichen Zunahme der Zahl der Betriebe und Unternehmen sowie der Beschäftigten nieder (Tabelle A239); sie war verbunden mit einer äußerst regen Investitionstätigkeit (Tabelle A241).

Seit Anfang der achtziger Jahre wurden keine neuen Fertigungsstätten mehr errichtet, die Zahl der Beschäftigten leicht abgebaut. In dieser Entwicklung schlagen sich ohne Zweifel konjunkturelle Einflüsse nieder (Reduzierung der Urlaubsfahrten!). Die zum Stillstand gekommene Expansion der Foto- und Filmlabors ist aber auch dadurch bedingt, daß sich das Fotogra-

---

[30] Diapositive sind in der Position „Übrige Erzeugnisse der Foto- und Filmlabors" enthalten.

fieren und Filmen mehr und mehr einer Sättigungsgrenze nähert. Zudem ist nicht auszuschließen, daß das Aufkommen neuer Fotografier- und Filmtechniken (Videotechnik) bereits zum jetzigen Zeitpunkt negative Auswirkungen auf die Tätigkeit der Foto- und Filmlabors hat.

IV. Entwicklungsperspektiven

Die bisherige Analyse hat gezeigt, daß die Frage, ob für die Wirtschaftsgruppe „Herstellung von Musikinstrumenten, Spielwaren, Füllhaltern usw." in der Bundesrepublik günstige oder ungünstige Standortbedingungen bestehen, nicht eindeutig beantwortet werden kann. Dabei ergab sich insbesondere, daß die untersuchte Wirtschaftsgruppe so heterogen zusammengesetzt ist, daß Globalaussagen recht vorsichtig zu bewerten sind. Erst die Einbeziehung der Erkenntnisse aus dem Branchenteil dieser Untersuchung erlaubt nun eine differenziertere Bewertung der dargelegten Fakten und damit eine bessere Beantwortung der zentralen Frage nach den Standortbedingungen.

Bei der Beurteilung der Standortbedingungen wird gemeinhin von der Hypothese ausgegangen, daß ein Land bei jenen Gütern besonders wettbewerbsfähig ist, bei deren Produktion es die relativ reichlich vorhandenen Produktionsfaktoren besonders intensiv nutzen kann. Da in der Bundesrepublik der Produktionsfaktor Kapital billiger als der Produktionsfaktor Arbeit ist, finden hier kapitalintensive Bereiche gewisse Standortvorteile. Im Durchschnitt der untersuchten Wirtschaftsgruppe ist jedoch das Verhältnis von Kapital zu Arbeit relativ niedrig, das heißt, es wird im Produktionsprozeß vergleichsweise wenig Realkapital eingesetzt. Dies gilt insbesondere — wie sich an der Höhe der Investitionen je Beschäftigten ablesen läßt — für die Herstellung von Musikinstrumenten, von Turn- und Sportgeräten, von Schmuckwaren aus Edelmetall, für die Bearbeitung von Edelsteinen und für den Großteil der Herstellung von Spielwaren. Der Produktionsprozeß ist also in diesen Bereichen sehr arbeitsintensiv. Daraus folgt, daß die Unternehmen dieser Branchen wegen der in der Bundesrepublik verhältnismäßig teuren Arbeit mit wesentlich höheren Lohnkosten belastet sind als Konkurrenten in Niedriglohnländern. Aber auch in jenen Bereichen, die die Mechanisierung des Fertigungsprozesses in den vergangenen Jahren erheblich vorangetrieben haben — wie zum Beispiel die Herstellung von Kunststoff-Spielwaren, von Füllhaltern und Stempeln sowie die Foto- und Filmlabors —, ist der Anteil der Löhne und Gehälter am Umsatz nach wie vor relativ hoch. Eine Ausnahme machen hier lediglich die Hersteller von Phantasieschmuck, denen es aufgrund erheblicher Investitionsanstrengungen gelungen ist, die Lohnquote auf ein Niveau zu drücken, das sogar leicht unter dem Niveau des Durchschnitts des Verarbeitenden Gewerbes liegt.

Mit entscheidend dafür, ob eine hohe Arbeitsintensität auch tatsächlich als ein Standortnachteil für Unternehmen in der Bundesrepublik anzusehen ist, ist das Qualitätsniveau der Arbeit. Dieses ist in den meisten der untersuchten Branchen verhältnismäßig niedrig. Dementsprechend hoch ist in fast sämtlichen Branchen der Konkurrenzdruck des Auslands; die Importquoten erreichen durchwegs ein Niveau von 50 bis 60 %. Aus dem Rahmen fallen nur die Herstellung von Füllhaltern und Stempeln sowie die Foto- und Filmlabors, die sich trotz eines niedrigen Ausbildungsstands der Arbeitskräfte einer wesentlich geringeren Auslandskonkurrenz gegenübersehen.

Es gibt jedoch in sämtlichen Branchen der hier untersuchten Wirtschaftsgruppe Bereiche, in denen hohe Anforderungen an die Qualifikation der Beschäftigten gestellt werden. Dies ist vor allem in der Herstellung von Großmusikinstrumenten, von Schmuckwaren aus Edelmetall und in der Bearbeitung von Edelsteinen der Fall. Zwar ist auch in derartigen Bereichen der Anteil des Auslands am deutschen Markt vergleichsweise hoch. Eine nähere Betrachtung zeigt jedoch, daß in diesen Bereichen eine ausgeprägte Marktspaltung stattgefunden hat: Die deutschen Produzenten haben sich auf die Herstellung qualitativ hochwertiger Produkte konzentriert (sie konnten auf diesem Gebiet ihre Marktanteile vielfach sogar ausbauen) und die Erzeugung billiger Massenprodukte immer mehr der ausländischen Konkurrenz überlassen. Der Erfolg dieser Strategie zeigt sich beispielsweise darin, daß das Niveau der Koeffizienten für die internationale Wettbewerbsfähigkeit in der Herstellung von Großmusikinstrumenten und Schmuckwaren aus Edelmetall relativ hoch ist.

Zur Erhaltung der Wettbewerbsfähigkeit einer Branche sind im allgemeinen auch entsprechende Aufwendungen für Forschung und Entwicklung sowie eine hohe Innovationsrate erforderlich. In den siebziger Jahren haben vor allem die deutschen Hersteller von Musikinstrumenten, Spielwaren, Sportgeräten und Schreibgeräten eine Vielzahl neuer Produkte auf den Markt gebracht. Allerdings ist in jüngster Zeit die Innovationsrate gesunken, die Innovationen beschränkten sich zunehmend auf den Einsatz neuer Materialien und Vorprodukte. Unter den letztgenannten haben sich neuerdings elektronische Bauteile in den Vordergrund geschoben, und zwar vor allem bei der Herstellung von Musikinstrumenten und Spielwaren. Gleichwohl hinken auf diesem Gebiet die Produzenten in der Bundesrepublik den ausländischen Konkurrenten immer noch hinterher. So werden elektronische Musikinstrumente im Ausland überwiegend von Unternehmen der Elektronik hergestellt; in der Bundesrepublik war entsprechendes Know-how lange Zeit nicht vorhanden, ein entsprechender Wissenstransfer von der Elektrotechnik zum Musikinstrumentenbau fand nicht statt. Auch bei der Erzeugung von Video-Spielen ist eine ähnliche Situation gegeben: Der Weltmarkt für diese Spiele wird von US-amerikanischen Kommunikationskonzernen sowie von japanischen Elektronikkonzernen beherrscht. Mit diesen Anbietern können die deutschen Hersteller von Musikinstrumenten und Spielwaren schon von der Größe her nicht konkurrieren. Gleiches gilt beispielsweise auch für die deutschen Produzenten von Skiern und Tennisschlägern, die sich ebenfalls teilweise wesentlich größeren ausländischen Unternehmen mit entsprechend breit gefächertem technologischen Know-how gegenübersehen. Wenn man von diesen vergleichsweise forschungsintensiven und vielfach risikobehafteten Bereichen absieht, hat jedoch die mittelständische Struktur der Unternehmen der untersuchten Wirtschaftsgruppe durchaus Vorteile: Sie erlaubt eine hohe Flexibilität und damit eine rasche Anpassung an die sich ständig ändernden Erfordernisse des Marktes sowie eine hohe Kreativität und Vielseitigkeit des Angebots. Diese Eigenschaften kommen in all jenen Bereichen zum Tragen, in denen Mode und Design eine große Rolle spielen, also vor allem in der Schmuckwaren- und Edelsteinindustrie, aber auch in Teilbereichen der Herstellung von Musikinstrumenten, Spielwaren, Sportartikeln und Schreibgeräten.

Positiv zu Buche schlagen für die deutschen Hersteller auch die Einbindung in vorhandene vor- und nachgelagerte Branchen sowie die Nähe zu einem großen „Gemeinsamen Markt" mit hoher Kaufkraft und differenzierten Wünschen. So erlaubt ein leistungsfähiger inländischer Maschinenbau deutschen Produzenten, neue Produktionsverfahren vielfach mit einem zeitlichen Vorsprung vor der Auslandskonkurrenz einzusetzen und damit hinsichtlich der Arbeitsproduktivität international eine Spitzenstellung zu halten. Auf der Absatzseite steht den Herstellern der Bundesrepublik ein äußerst vielfältiger Distributionssektor zur Verfügung. Allerdings ist das Verhältnis zwischen Handel und Herstellern nicht immer spannungsfrei. Vielfach wird über die „Marktmacht" des Handels geklagt; insbesondere in den Bereichen Musikinstrumente, Spielwaren und Sportartikel haben die Kooperationsformen des Handels eine starke Marktstellung. Verstärkte Kooperation zwischen Industrie und Handel, zum Beispiel bei der Produktentwicklung, könnte zu einem Abbau dieser Spannungen beitragen und gleichzeitig den Vorteil der Nähe zum Verbrauchermarkt noch besser zur Geltung bringen als bisher. Dies ist in den vergangenen Jahren bereits in hohem Maße den Foto- und Filmlabors gelungen, bei denen eine schnelle „Lieferfähigkeit" eine große Rolle spielt.

Bei einer Standortbeurteilung der Herstellung von Musikinstrumenten, Spielwaren, Füllhaltern usw. ist auch der geringe Verbrauch von Material und Energie sowie die niedrige Umweltbelastung — zieht man die knappen Ressourcen in der Bundesrepublik in Betracht — positiv zu beurteilen. Die Überlegungen hinsichtlich der Eignung des Standorts Bundesrepublik für die Herstellung von Musikinstrumenten, Spielwaren, Füllhaltern usw. führten also zu dem Ergebnis, daß dieser Standort nicht nur Nachteile (insbesondere wegen der hohen Arbeitskosten), sondern auch Vorteile bietet. Diese

„Zwitterstellung" kommt nicht zuletzt darin zum Ausdruck, daß in fast allen Branchen sowohl die Export- als auch die Importquoten relativ hoch sind.

Wie stellen sich nun die Chancen dar, daß die Bundesrepublik auch in Zukunft ein Standort für die Herstellung von Musikinstrumenten, Spielwaren, Füllhaltern usw. bleibt? Generell hat man davon auszugehen, daß insbesondere die Niedriglohnländer auch in den kommenden Jahren ihren Marktanteil in der Bundesrepublik vergrößern werden, und zwar vor allem aufgrund eines steigenden Qualitätsniveaus der angebotenen Artikel. Diese Aussage gilt praktisch für alle Branchen mit Ausnahme der Foto- und Filmlabors. Aber auch die hochentwickelten Industrieländer werden auf dem deutschen Markt weiter an Bedeutung gewinnen, insbesondere bei Musikinstrumenten, Spielwaren und Sportartikeln. Die Gründe hierfür liegen im wesentlichen in einem technologisch bedingten Vorsprung bei bestimmten Produkten. Insgesamt betrachtet werden die Importquoten allerdings nicht mehr im selben Tempo steigen wie in der Vergangenheit. Denn es gibt eine Schwelle, ab der sich die Importquote nur noch schwer erhöhen läßt. Der Handel benötigt nämlich aus vielerlei Gründen (z. B. schnelle Lieferfähigkeit) eine leistungsfähige deutsche Industrie. Zudem ist das Importgeschäft oftmals mit mehr Risiken behaftet als das Inlandsgeschäft[1].

Auch das Exportgeschäft wird in den kommenden Jahren eine weitere Ausdehnung erfahren, und zwar insbesondere aufgrund des hohen Standards der in der Bundesrepublik hergestellten Produkte. Diese werden in erster Linie in Industrieländern abgesetzt werden. Gemäß den Koeffizienten für die internationale Wettbewerbsfähigkeit und der Entwicklung der Anteile am Welthandel wird man insbesondere den Produzenten von Großmusikinstrumenten sowie von Füllhaltern gute Exportchancen voraussagen können. Allerdings wird die Ausdehnung des Exportgeschäfts vielerorten durch zunehmende protektionistische Tendenzen erschwert, nicht zuletzt auch innerhalb der Europäischen Gemeinschaft.

Neben der Entwicklung der Importe und Exporte hängen die zukünftigen Chancen der Herstellung von Musikinstrumenten, Spielwaren, Füllhaltern usw. entscheidend von der Entwicklung der Inlandsnachfrage ab. Es bietet sich hier eine Dreiteilung des Nachfragebereichs an, nämlich in

1. jene Bereiche, die von der Entwicklung des Freizeitmarktes abhängen, also Musikinstrumente, Spielwaren, Turn- und Sportgeräte sowie Erzeugnisse der Foto- und Filmlabors;
2. Erzeugnisse der Schmuckwaren- und Edelsteinindustrie sowie verarbeitete Schnitz- und Formstoffe;
3. Füllhalter u. ä., Stempel.

[1] Vielfach geben die deutschen Hersteller (z. B. aus dem Spielwarensektor) eine einjährige Preisgarantie; dies ist im Importgeschäft nicht üblich.

Zu 1.: Die Bedeutung der Freizeit nimmt ständig zu. Die Freizeitmärkte zählten in den sechziger und siebziger Jahren zu den wichtigsten Wachstumsmärkten. Eine Fortsetzung dieses Trends ist wahrscheinlich. Angesichts der derzeit recht ungünstigen Perspektiven auf dem Arbeitsmarkt ist nämlich davon auszugehen, daß bis Ende der achtziger Jahre die Arbeitszeit eine Verkürzung erfahren wird[2]. Dabei dürfte weniger die Wochenarbeitszeit sinken; vielmehr wird sich eine Arbeitszeitverkürzung in erster Linie aufgrund verlängerten Urlaubs oder vorgezogenen Renteneintrittsalters ergeben. Auf alle Fälle wird dadurch die Freizeit weiter zunehmen.

Gleichzeitig mit der zunehmenden Freizeit wird sich auch das Einkommen erhöhen, jedoch nicht in gleichem Ausmaß. Einerseits sind nämlich die verringerten Wachstumschancen der Gesamtwirtschaft zu berücksichtigen, zum anderen die Tatsache, daß sich Arbeitszeitverkürzungen größeren Ausmaßes nur unter dem Prinzip der Kostenneutralität verwirklichen lassen werden. Gleichwohl werden die Freizeitbudgets weiter wachsen. Während zu Anfang der achtziger Jahre erst jede siebte Markt für Freizeitgüter ausgegeben wurde[3], gehen optimistische Schätzungen davon aus, daß Ende dieses Jahrzehnts bereits jede vierte Mark dem Freizeitkonsum gewidmet werden könnte.

Positiv auf den Freizeitkonsum der Zukunft dürften sich auch die zu erwartenden Verschiebungen in der Bevölkerungsstruktur auswirken. So ist damit zu rechnen, daß sich bis 1990 die Zahl der 20- bis 30jährigen stark erhöhen und gleichzeitig die Zahl der Single- und Twin-Haushalte erheblich steigen wird. Diese Bevölkerungsgruppen sind in ihrer Freizeit äußerst aktiv[4].

Es stellt sich die Frage, wie die Menschen die vermehrte Freizeit in Zukunft nutzen werden. Zunächst ist darauf hinzuweisen, daß die Freizeit immer stärker in den Mittelpunkt des Lebens rückt, während die Berufsarbeit ihre vormals zentrale Stellung zusehends verliert. Die Freizeit hat sich insbesondere seit Mitte der siebziger Jahre als Motor des in unserer Gesellschaft zu beobachtenden Wertewandels erwiesen. Insbesondere die jüngere Generation meint, daß die persönlichen Lebensziele und Ideale in der Freizeit besser zu verwirklichen seien als in der Welt der Arbeit[5]. Dies bedeutet,

2 Bis Ende der achtziger Jahre wird das Arbeitsmarktproblem durch ein steigendes Erwerbspersonenpotential verschärft. In den neunziger Jahren wird dieses wieder sinken; möglicherweise müssen dann einige Maßnahmen zur Arbeitszeitverkürzung wieder revidiert werden.

3 In den Haushaltstypen 2 und 3 wurden 1981 13 bis 14 % des Einkommens für Freizeitgüter ausgeben (Tabellen 40 und 41).

4 Vgl. Faktor Freizeit, Studie zum persönlichen Befinden in der Freizeit, Hrsg. Axel Springer Verlag AG, Hamburg 1980, S. 118.

5 Vgl. H. W. Opaschewski/G. Raddatz, Freizeit im Wertewandel, Hrg. BAT-Freizeit-Forschungsinstitut, Hamburg 1982.

daß die Freizeit mehr und mehr zu einem Wegbereiter eines neuen Lebensstils wird. Dieser Lebensstil wird geprägt sein von einer zunehmenden Orientierung an Spaß und Lebensgenuß, man will das Leben „aktiv, kreativ und kommunikativ" gestalten[6]. Mit anderen Worten: Es zeichnet sich ein Trend zur erlebnisorientierten Freizeit ab, in der die innere Bereicherung genauso wichtig ist wie materielle Bedürfnisbefriedigung. Damit ist bereits angedeutet, daß beispielsweise den neuen Medien als Freizeitbeschäftigung nur geringe Bedeutung zukommen dürfte. Dagegen ist von den hier interessierenden Aktivitäten wie Musizieren, Sport treiben, Spielen sowie Fotografieren und Filmen prima vista zu erwarten, daß sie sich in den kommenden Jahren in den Vordergrund schieben werden, da sie durch Eigenaktivität, Unternehmungslust und Erlebnisorientierung gekennzeichnet sind. Im einzelnen wird das Wachstumstempo der Aktivitäten jedoch durchaus unterschiedlich sein:

— Das aktive Musizieren korrespondiert in hohem Maße mit dem sich neu herausbildenden Lebensstil. Es verbessert zwar die Lebensqualität nicht materiell, trägt aber zur idealen Bereicherung des Lebens bei, indem es vielfach einen psychischen Ausgleich schafft für die Leistungsanforderungen im Berufsleben. Aktives Musizieren wird jedoch nicht nur mit wachsender Freizeit zunehmen; auch in der Sonder- und Heilpädagogik findet es verstärkt Einsatz als sog. Musiktherapie.

— Auch die Ausübung von Sport trägt zur seelischen Entspannung bei, sie sorgt jedoch gleichzeitig für das physische Wohlergehen und die körperliche Regeneration nach den Anforderungen des Arbeitslebens. Es überrascht daher nicht, daß für „aktiv Sport treiben" noch große Zuwachspotentiale gesehen werden, so zum Beispiel für Gymnastik, Turnen, Trimmen, Dauer-, Waldlauf, Tennis, Skilanglauf und Windsurfing[7]. Allerdings ist es fraglich, ob diese Potentiale auch in vollem Umfang verwirklicht werden können, da die Ausübung vieler Sportarten an einem Angebotsdefizit an den dafür nötigen Räumen und Einrichtungen scheitert[8].

— Spielen wird in Zukunft nicht nur „Freizeitfüller" sein, sondern in steigendem Maße eine gesellschaftliche und kulturelle Tätigkeit. Es befriedigt das Verlangen nach stärkeren Sozialkontakten. Dies gilt insbesondere für Erwachsene. Allerdings werden die Zuwachspotentiale bei Gesellschaftsspielen nicht allzu hoch veranschlagt[9]. Was ebenfalls zu einer mehr vorsichtigen Einschätzung der Spielaktivitäten der Erwachse-

[6] Vgl. ebenda, S. 21.

[7] Vgl. Freizeitstudie, Hrsg. Lintas Deutschland, Pressekonferenz vom 10. Dezember 1980, S. 9.

[8] Vgl. Freizeit 2000, Hrsg. ADAC, München 1980, S. 24.

[9] Freizeitstudie, Hrsg. Lintas, S. 8.

nen Anlaß gibt, ist die Tatsache, daß sich bereits in der Vergangenheit die Erwartungen der Spielwarenproduzenten, in die Freizeit der Erwachsenen einzudringen, nicht immer erfüllt haben. Was den Spielmarkt für Kinder betrifft, so sind hier ebenfalls die Erwartungen gedämpft. Zwar dürfte gegen Ende der achtziger Jahre die Zahl der Kinder im Alter von unter 10 Jahren wieder höher sein als gegenwärtig, der so lukrative Markt der 10- bis 14jährigen dürfte jedoch kleiner werden.

— Für Filmen und Fotografieren besteht nach wie vor ein großes unausgenutztes Potential. Zwar ist bei der konventionellen Technik kaum mehr mit Zuwachsraten zu rechnen und stößt die Urlaubsreise (die einer der wichtigsten Anlässe fürs Filmen und Fotografieren ist) zunehmend an Grenzen. Neue Techniken dürften jedoch in absehbarer Zeit für zusätzliche Nachfrageimpulse sorgen. Allerdings wird dieses „Geschäft" weitgehend an den Foto- und Filmlabors vorbeilaufen.

Zu 2.: Es wurde bereits darauf hingewiesen, daß der Wunsch, sich zu schmücken, in jüngster Zeit zurückgegangen ist (Kapitel III.5.1). Dies mag damit zusammenhängen, daß Schmuck und Edelsteine vielfach dem Status- oder Luxuskonsum zuzurechnen sind. Dieser Konsum verliert jedoch im gegenwärtigen gesellschaftlichen Wandel an Ansehen. Es gilt als bedenklich, das knapp gewordene Geld für Luxusgüter auszugeben. Insofern ist auch in Zukunft nicht damit zu rechnen, daß sich der in der Vergangenheit zu beobachtende Trend real sinkender Nachfrage nach Schmuck und Edelsteinen umkehrt. Es gibt allerdings einige Faktoren, die es geraten erscheinen lassen, die zukünftige Nachfrageentwicklung nicht allzu pessimistisch zu beurteilen. In diesem Zusammenhang ist zunächst auf die Wiederentdeckung des „Natürlichen" zu verweisen; dazu zählen zweifelsohne Edelmetalle und -steine sowie natürliche Schnitz- und Formstoffe. Die Natürlichkeit dieser Materialien „legitimiert" in gewisser Weise die Ausgaben für Schmuckgegenstände. Hinzu kommt ein Zweites: Mit Schmuckwaren und Edelsteinen wird vielfach der Begriff hoher Qualität, Dauerhaftigkeit, Ursprünglichkeit, Echtheit und Reinheit verbunden. Es hat sich in jüngster Zeit gezeigt, daß die Verbraucher für Waren mit derartigen Eigenschaften bereit sind, großzügig Geld auszugeben.

Zu 3.: Obwohl man annehmen kann, daß die Organisations- und Verwaltungsabteilungen in allen Sektoren der Wirtschaft auch zukünftig eine weitere Ausdehnung erfahren werden, so ist doch nicht damit zu rechnen, daß die Nachfrage nach Füllhaltern u. ä. sowie Stempeln im selben Ausmaß wie bisher zunehmen wird. Dies hat seinen Grund darin, daß die elektronische Daten- und Textverarbeitung weiterhin rasch vordringen und die konventionellen Schreib- und Stempeltechniken zunehmend substituieren wird.

Die mittelfristigen Wachstumschancen der realen Nachfrage nach Gütern der einzelnen Warengruppen sind also unterschiedlich einzuschätzen. Gemessen am Privaten Verbrauch wird nur die Nachfrage nach Turn- und Sportgeräten überdurchschnittlich expandieren, jene nach den anderen Erzeugnissen wird zunehmend mehr oder weniger stark an Sättigungsgrenzen stoßen. Berücksichtigt man ferner, daß der Importdruck nur wenig nachlassen wird, so wird deutlich, daß die zukünftigen Absatzchancen der deutschen Hersteller laufend eingeengt werden. Sie werden sich nur dann behaupten können, wenn sie ständig neue Produkte auf den Markt bringen und versuchen, diese möglichst gut den Wünschen und Lebensstilen der Konsumenten anzupassen. Eine wichtige Rolle für den Markterfolg der deutschen Hersteller wird dabei eine schnelle Lieferbereitschaft spielen. Nur so wird es möglich sein, an den Konsumentenwünschen voll zu partizipieren. Daraus wird auch deutlich, daß es zukünftig nicht mehr genügt, nur die am Markt beobachteten Veränderungen nachzuvollziehen. Vielmehr muß der einzelne Unternehmer selbst versuchen, den Markt zu gestalten. Er muß immer auf der Suche nach neuen Produkten sein und dadurch gleichzeitig in Kauf nehmen, daß die einzelnen „Artikel-Konjunkturen" sehr kurzlebig sind. Hohe Stückzahlen auf einzelnen Märkten werden damit für deutsche Hersteller weitgehend der Vergangenheit angehören. Wo diese noch zu realisieren sind, wird es in den nächsten Jahren eine erhebliche Bereinigung der Anbieterstruktur geben, wobei insbesondere marktbeherrschende Unternehmen aus dem Ausland überleben werden.

Tabellenanhang

Tabelle 1

Nettoproduktionsvolumen und Bruttowertschöpfung in der Herstellung von Musikinstrumenten, Spielwaren, Füllhaltern usw. (SYPRO Nr. 39)

für Unternehmen

Jahr	Nettoproduktionswert[a)]		Bruttowertschöpfung[b)]					
			in jeweiligen Preisen	in Preisen von 1970	Anteil an			
					Bruttowertschöpfg.d.Verarb.Gewerbes		Bruttoinlandsprodukt	
					in jeweilig. Preisen	in Preisen von 1970	in jeweilig. Preisen	in Preisen von 1970
	1976=100	%-Anteil[c)]	Mill. DM		%		%	
1965	.	.	1 550	1 920	0,83	0,90	0,34	0,35
1966	.	.	1 610	1 920	0,83	0,88	0,33	0,34
1967	.	.	1 560	1 810	0,80	0,85	C,32	0,32
1968	.	.	1 710	1 890	0,79	0,80	0,32	0,32
1969	.	.	1 870	2 000	0,76	0,76	0,31	0,31
1970	103,2	0,81	2 010	2 010	0,72	0,72	0,30	0,30
1971	101,1	0,78	2 130	2 010	0,71	0,71	0,28	0,29
1972	104,6	0,78	2 250	1 990	0,70	0,68	0,27	0,27
1973	103,5	0,73	2 370	1 930	0,66	0,62	0,26	0,25
1974	94,5	0,68	2 370	1 790	0,62	0,58	0,24	0,23
1975	89,8	0,70	2 600	1 720	0,67	0,58	0,25	0,23
1976	100	0,72	3 020	1 970	0,72	0,62	0,27	0,25
1977	113,1	0,79	3 500	2 210	0,77	0,68	0,29	0,27
1978	115,5	0,80	3 590	2 190	0,74	0,66	0,28	0,26
1979	111,8	0,74	.	.	.	.	.	.
1980	96,7	0,64	.	.	.	.	.	.
1981	92,6	0,62	.	.	.	.	.	.

a) In Preisen von 1976. Das Nettoproduktionsvolumen ist definiert als Bruttoproduktionswert abzüglich Materialverbrauch und vergebene Lohnarbeiten. - b) Die Bruttowertschöpfung ist definiert als Bruttoproduktionswert abzüglich Materialverbrauch, vergebene Lohnarbeiten, Reparaturen, Instandhaltung, Mieten, Pachten und sonstige Kosten. - c) Anteil am Nettoproduktionswert des Verarbeitenden Gewerbes.

Quelle: Statistisches Bundesamt, Fachserie 4, Reihe 2.1, Fachserie 18, Reihe 1 und S. 3; Berechnungen des Ifo-Instituts.

Tabelle 2

Erwerbstätige und beschäftigte Arbeitnehmer in der Herstellung von Musikinstrumenten, Spielwaren, Füllhaltern usw. (SYPRO Nr. 39) - für Unternehmen -

Jahresdurchschnitt

Jahr	Erwerbstätige[a]					Beschäftigte Arbeitnehmer		
	insgesamt	in Betrieben von Unternehmen mit im allg. 20 Beschäftigten und mehr	Anteil an den Erwerbstätigen: im Verarbeitenden Gewerbe: insgesamt	Anteil an den Erwerbstätigen: im Verarbeitenden Gewerbe: in Betrieben von Unternehmen mit im allg. 20 Beschäftigten und mehr	Anteil an den Erwerbstätigen: in sämtl. Wirtschaftsbereich.	insgesamt	Anteil an beschäftigten Arbeitnehmern: im Verarbeitenden Gewerbe insgesamt	Anteil an beschäftigten Arbeitnehmern: in sämtl. Wirtschaftsbereichen
	Anzahl	Anzahl	%	%	%	Anzahl	%	%
1965	108 000	.	1,07	.	0,40	98 000	1,04	0,45
1966	109 000	.	1,10	.	0,41	99 000	1,06	0,46
1967	107 000	.	1,14	.	0,41	97 000	1,10	0,46
1968	105 000	.	1,11	.	0,41	95 000	1,07	0,45
1969	108 000	.	1,09	.	0,41	99 000	1,06	0,46
1970	106 000	72 599	1,05	0,85	0,40	97 000	1,01	0,44
1971	102 000	69 272	1,02	0,81	0,38	93 000	0,98	0,42
1972	100 000	68 465	1,01	0,82	0,38	91 000	0,97	0,41
1973	99 000	67 298	1,00	0,80	0,37	90 000	0,96	0,40
1974	95 000	65 260	0,99	0,80	0,36	86 000	0,94	0,39
1975	90 000	60 968	0,99	0,80	0,36	81 000	0,95	0,38
1976	91 000	62 078	1,03	0,83	0,36	83 000	0,99	0,39
1977	93 000	63 464	1,05	0,86	0,37	84 000	1,00	0,39
1978	95 000	64 437	1,07	0,88	0,38	85 000	1,01	0,39
1979	.	64 925	.	0,88	.	.	.	.
1980	.	64 703	.	0,87	.	.	.	.
1981	.	61 035	.	0,84	.	.	.	.

a) Selbständige, mithelfende Familienangehörige und beschäftigte Arbeitnehmer.

Quelle: Statistisches Bundesamt, Fachserie 18, Reihe 1 und S. 3; Berechnungen des Ifo-Instituts.

Tabelle 3

Reales Bruttoanlagevermögen in der Herstellung von Musikinstrumenten, Spielwaren, Füllhaltern usw.[a)]

Jahr	Bruttoanlagevermögen Mill. DM[b)]	Anteil am Bruttoanlagevermögen des Verarbeitenden Gewerbes %
1965	775	0,25
1966	851	0,25
1967	928	0,26
1968	1 008	0,27
1969	1 100	0,28
1970	1 198 1 178	0,29 0,39
1971	2 132	0,40
1972	2 275	0,40
1973	2 414	0,41
1974	2 546	0,42
1975	2 652	0,43
1976	2 746	0,43
1977	2 866	0,45
1978	3 008	0,46
1979	3 167	0,48
1980	3 325	0,49
1981	3 461	0,50

a) 1965 bis 1970 IB-Systematik Nr, 39, 1970 bis 1981 SYPRO Nr. 39; für Unternehmen. - b) 1965 bis 1970 in Preisen von 1970, 1970 bis 1981 in Preisen von 1976.

Quelle: R. Krengel u.a., Produktionsvolumen und -potential, Produktionsfaktoren des Bergbaus und des Verarbeitenden Gewerbes in der Bundesrepublik Deutschland, Statistische Kennziffern, verschiedene Folgen, hrsg. vom Deutschen Institut für Wirtschaftsforschung, Berlin.

Tabelle 4

Regionale Struktur der Herstellung von Musikinstrumenten, Spielwaren, Füllhaltern usw.[a)]

%-Anteil, jeweils im September

Land	1966		1970		1974		1978	
	Betriebe	Beschäftigte	Betriebe	Beschäftigte	Betriebe	Beschäftigte	Betriebe	Beschäftigte
Schleswig-Holstein	0,9	.	1,1	0,4	1,0	.	1,4	1,2
Hamburg	0,3	0,9	0,2	.	0,1	.	1,7	4,9
Niedersachsen	2,2	2,9	2,3	3,0	2,8	4,1	3,7	6,1
Bremen	-	-	-	-	-	-	0,1	.
Nordrhein-Westfalen	4,5	4,3	5,1	4,9	4,9	8,0	7,3	
Hessen	4,4	3,5	4,1	4,4	4,5	4,1	7,0	6,1
Rheinland-Pfalz	14,0	5,6	12,6	5,8	13,0	6,1	6,9	3,8
Baden-Württemberg	39,5	48,0	39,3	46,3	39,5	45,8	36,0	37,5
Bayern	31,8	32,3	33,	32,3	31,8	31,8	33,0	31,1
Saarland	0,1	.	0,3	0,5	0,3	0,6	0,5	.
Berlin (West)	2,2	2,0	1,9	1,5	2,1	1,6	1,7	1,1
Bundesgebiet %	100,0	100,0	100,0	100,0	100,0	100,0	100,0	100,0
Anzahl	976	60 755	971	60 136	903	53 273	813	65 431

a) 1966, 1970 und 1974 IB-Systematik Nr. 39, 1978 SYPRO Nr. 39.

Quelle: Statistisches Bundesamt, Fachserie 4, Reihe 4.2.3; Berechnungen des Ifo-Instituts.

Tabelle 5

Anteil der Betriebe und Beschäftigten der Herstellung von Musikinstrumenten, Spielwaren, Füllhaltern usw.[a)] an den Betrieben und Beschäftigten des Verarbeitenden Gewerbes nach Ländern

%-Anteile, jeweils im September

Land	1966		1970		1974		1978	
	Betriebe	Beschäftigte	Betriebe	Beschäftigte	Betriebe	Beschäftigte	Betriebe	Beschäftigte
Schleswig-Holstein	0,9	.	1,2	.	1,0	.	0,7	0,4
Hamburg	0,4	0,6	0,3	.	0,2	.	1,4	.
Niedersachsen	0,7	0,6	0,8	0,6	0,9	0,7	0,6	0,6
Bremen	-	-	-	-	-	-	0,2	.
Nordrhein-Westfalen	0,5	0,3	0,6	.	0,6	0,3	0,6	0,2
Hessen	1,4	.	1,4	.	1,6	0,7	1,4	0,6
Rheinland-Pfalz	7,4	1,5	7,0	.	7,3	1,4	1,9	.
Baden-Württemberg	6,4	5,0	6,7	4,7	6,7	4,7	2,8	1,7
Bayern	4,4	.	4,8	.	4,4	.	2,6	1,5
Saarland	0,3	.	0,9	.	1,1	.	0,7	.
Berlin (West)	1,4	1,3	1,5	1,1	2,0	1,2	1,1	0,4
Bundesgebiet	2,9	1,8	3,1	1,8	3,1	1,7	1,6	0,9

a) 1966, 1970 und 1974 IB-Systematik Nr. 39, 1978 SYPRO Nr. 39.

Quelle: Statistisches Bundesamt, Fachserie 4, Reihe 4.1.3; Berechnungen des Ifo-Instituts.

Tabelle 6

Verteilung der Betriebe und Beschäftigten der Herstellung von Musikinstrumenten, Spielwaren, Füllhaltern usw.[a] auf Städte und Kreise

Jahr	Bundesgebiet insgesamt		Kreisfreie Städte		Kreise	
	Betriebe	Beschäftigte	Betriebe	Beschäftigte	Betriebe	Beschäftigte
	Anzahl		%		%	
1966	976	60 755	40,0	41,6	60,0	58,4
1970	971	60 136	38,6	38,1	61,4	61,9
1974	903	53 273	36,9	37,0	63,1	63,0
1978	813	65 431	40,1	.	59,9	.

a) 1966, 197I und 1974 IB-Systematik Nr. 39, 1978 SYPRO Nr. 39.

Quelle: Statistisches Bundesamt, Fachserie 4, Reihe 4.1.3; Berechnungen des Ifo-Instituts.

Tabelle 7

Bedeutung von handwerklicher und industrieller Produktion in der Herstellung von Musikinstrumenten, Spielwaren, Füllhaltern usw.

%-Anteile

Kennziffer: Systematik der Wirtschaftszweige	Kennziffer: I3-Systematik	Kennziffer: SYPRO	Bezeichnung des Wirtschaftszweigs	Zahl der Unternehmen: Handwerk 1967	Handwerk 1976	Industrie 1967	Industrie 1976
258 1	3910,20	3911	H.v.Musikinstrumenten	85,6	87,1	14,4	12,9
258 3	3930	3931	H.v.Spielwaren, Christbaumschmuck	11,2	10,7	88,8	89,3
258 6	3940	3940	H.v.Turn- und Sportgeräten	39,1		60,9	
258 93	3950	3951	H.v.Gold- und Silberschmiedewaren, a.n.g.	.	98,2	.	1,8
258 95		3954	H.v.Schmuck aus Edelmetall oder -plattierungen	73,7		26,3	
258 97		3957	H.v.Phantasieschmuck		39,9		60,1
258 91	3960	3960	Bearbeitung von Edelsteinen, Perlen, Perlmutter, Hartglas	62,4		37,6	
258 99	.	3970	H.v.Münzen, Medaillen	.		.	
257 1,3,5	3888 u.a.	3980	H.v.Füllhaltern und ähnl., Stempeln; Verarbeitung von Schnitz- und Formstoffen	19,1[a]	59,6	80,9[a]	40,4
257 7	.	3990	Foto- und Filmlabors	.	33,5	.	66,5
257, 258	.	39	H.v.Musikinstrumenten, Spielwaren, Füllhaltern usw.	64,4	59,6	35,6	40,6

Fußnoten siehe folgende Seite.

Tabelle 7 (Fortsetzung)

Kennziffer: Systematik der Wirtschaftszweige	Kennziffer: IB-Systematik	Kennziffer: SYPRO	Bezeichnung des Wirtschaftszweigs	Zahl der Beschäftigten: Handwerk 1967	Handwerk 1976	Industrie 1967	Industrie 1976	Umsatz in DM: Handwerk 1967	Handwerk 1976	Industrie 1967	Industrie 1976
258 1	3910,20	3911	H.v.Musikinstrumenten	32,7	29,3	67,3	70,7	34,6	25,3	65,4	74,7
258 3	3930	3931	H.v.Spielwaren, Christbaumschmuck	4,7	1,7	95,3	98,3	5,0	1,7	95,0	98,3
258 6	3940	3940	H.v.Turn- und Sportgeräten	16,1		83,9		13,0		87,0	
258 93	3950	3951	H.v.Gold- und Silberschmiedewaren, a.n.g.	.	96,8	.	3,2	.	93,8	.	6,2
258 95		3954	H.v.Schmuck aus Edelmetall oder -plattierungen	27,6	11,4	72,4	88,6	24,5	6,7	75,5	93,3
258 97		3957	H.v.Phantasieschmuck								
258 91	3960	3960	Bearbeitung von Edelsteinen, Perlen, Perlmutter, Hartglas	38,9		61,1		27,0		73,0	
258 99	.	3970	H.v.Münzen, Medaillen	.		.		.		.	
257 1,3,5	3888 u.a.	3980	H.v.Füllhaltern und ähnl., Stempeln; Verarbeitung von Schnitz- und Formstoffen	4,2[a)]	16,6	95,8[a)]	83,4	5,1[a)]	11,7	94,9[a)]	88,3
257 7	.	3990	Foto- und Filmlabors	.	8,0	.	92,0	.	8,8	.	91,2
257, 258	.	39	H.v.Musikinstrumenten, Spielwaren, Füllhaltern usw.	19,6	16,3	80,4	83,7	18,3	12,2	81,7	87,8

a) Nur Herstellung von Füllhaltern u.ä.

Quelle: Statistisches Bundesamt, Fachserie D, Zensus im Produzierenden Gewerbe 1967, Handwerkszählung 1968; Fachserie 4, Reihe 4.2.1 und 4.1, Handwerkszählung 1977. Schätzungen und Berechnungen des Ifo-Instituts.

Tabelle 8

Bruttoproduktion und Umsatz der Herstellung von Musikinstrumenten, Spielwaren, Füllhaltern usw.[a)]

Jahr	Bruttoproduktionswert[b)]		Elemente des Bruttoproduktionswerts			
			Gesamtumsatz		Zunahme(+) bzw. Abnahme(-) der Bestände an unfertigen und fertigen Erzeugnissen	Selbsterstellte Anlagen
	Mill. DM	1976=100	Mill. DM	1976=100	Mill. DM	
1975	3 717	84,8	3 713	85,1	- 8	12
1976	4 381	100	4 365	100	+ 5	11
1977	5 193	118,5	5 134	117,6	+45	14
1978	5 530	126,2	5 474	125,4	+43	14
1979	5 933	135,4	5 840	133,8	+81	12
1980	6 245	142,5	6 196	141,9	+34	15

a) Unternehmen mit 20 Beschäftigten und mehr. - b) Gesamtumsatz ohne Mehrwertsteuer plus/minus Bestandsänderung an unfertigen und fertigen Erzeugnissen aus eigener Produktion plus selbsterstellte Anlagen.

Quelle: Statistisches Bundesamt, Fachserie 4 (Produzierendes Gewerbe), Reihe 4.3.3 (Kostenstruktur der Unternehmen im Verbrauchsgüter produzierenden Gewerbe und im Nahrungs- und Genußmittelgewerbe); Berechnungen des Ifo-Instituts.

Tabelle 9

Anteil der Lagerbestände an unfertigen und fertigen Erzeugnissen aus eigener Produktion[a] am Umsatz im Jahr 1979

Wirtschaftszweig	%
H.v.Musikinstrumenten	16,6
H.v.Spielwaren, Christbaumschmuck	11,2
H.v.Turn- und Sportgeräten	12,9
H.v.Gold- undSilberschmiedewaren, a.n.g.	8,8
H.v.Schmuck aus Edelmetall oder -plattierungen	16,3
H.v.Phantasieschmuck	6,5
Bearbeitung v.Edel- u.Schmucksteinen, Perlen u.ä.	12,2
H.v.Münzen, Medaillen	3,4
H.v.Füllhaltern, Verarbeitung v.Schnitz- und Formstoffen usw.	10,0
Foto- und Filmlabors	0,4
H.v.Musikinstrumenten, Spielwaren, Füllhaltern usw.	11,3

a) Am Ende des Geschäftsjahres.

Quelle: Statistisches Bundesamt, Fachserie 4 (Produzierendes Gewerbe), Zensus im Produzierenden Gewerbe 1979, Heft 2; Berechnungen des Ifo-Instituts.

Tabelle 10

Geschätzte Struktur des Umsatzes der Unternehmen der Herstellung von Musikinstrumenten, Spielwaren, Füllhaltern usw. im Jahr 1976

Wirtschaftszweig	Anteile in %
H.v.Musikinstrumenten	11,5
H.v.Spielwaren, Christbaumschmuck	26,2
H.v.Turn- und Sportgeräten	9,0
H.v.Gold- und Silberschmiedewaren, a.n.g.	5,2
H.v.Schmuck aus Edelmetall oder -plattierungen	22,1
H.v.Phantasieschmuck	4,9
Bearbeitung von Edelsteinen, Perlen, Perlmutter, Hartglas	3,6
H.v.Münzen, Medaillen	2,5
H.v.Füllhaltern und ähnl., Stempeln; Verarbeitung von Schnitz- und Formstoffen	8,2
Foto- und Filmlabors	6,8
H.v.Musikinstrumenten, Spielwaren, Füllhaltern usw.	100

Quelle: Statistisches Bundesamt, Fachserie D, Zensus im Produzierenden Gewerbe 1967, Handwerkszählung 1968; Fachserie 4, Reihe 4.2.1 und 4.1, Handwerkszählung 1977; Schätzungen und Berechnungen des Ifo-Instituts.

Tabelle 11

Entwicklung des Umsatzes der Unternehmen in den einzelnen Fachzweigen der Herstellung von Musikinstrumenten, Spielwaren, Füllhaltern usw.

1976 = 100

Bezeichnung des Wirtschaftszweigs	IB-Systematik			SYPRO						
	1965	1970	1975	1976	1977	1977	1978	1979	1980	1981
	Unternehmen mit 10 u.m. Beschäftigten, o.Handwerk			Unternehmen mit 20 und mehr Beschäftigten						
				ohne Handwerk		einschl. Handwerk				
H.v.Musikinstrumenten	55,9	63,9	96,9	100	109,6	118,2	128,3	139,7	145,6	155,0
H.v.Spielwaren, Christbaumschmuck	50,0	65,1	82,5	100	117,0	117,5	120,5	129,6	134,8	120,8
H.v.Turn- und Sportgeräten	56,3	59,3	93,6	100	114,2	116,3	109,8	117,2	130,0	129,3
H.v.Gold- und Silberschmiedewaren, a.n.g.				100						.
H.v.Schmuck aus Edelmetall oder -plattierungen	.	.	.	100	101,5	104,1	118,1	132,5	136,4	136,1
H.v.Phantasieschmuck	.	.	.	100	95,8	101,1	103,6	114,5	137,6	162,0
H.v.Schmuckwaren a)	58,0	71,4	100,2	100	100,5	105,5	117,4	131,4	137,3	140,6
Bearbeitung von Edelsteinen, Perlen, Perlmutter, Hartglas	81,5	119,4	132,1	100	100,1	104,0	115,9	109,6	117,3	.
H.v.Münzen, Medaillen	.	.	.	100	101,1	101,1	95,9	62,0	77,4	71,7
H.v.Füllhaltern und ähnl., Stempeln; Verarbeitung von Schnitz- und Formstoffen	.	.	.	100	109,8	111,3	125,9	137,8	147,1	144,3
Foto- und Filmlabors	.	.	.	100	152,5	163,7	210,9	230,3	245,5	236,3
H.v.Musikinstrumenten, Spiel-, Schmuckwaren u.Sportgeräten b)	55,1	67,7	93,0	100	109,7	113,0	119,0	129,5	136,0	132,9
H.v.Musikinstrumenten, Spielwaren, Füllhaltern usw. c)	.	.	.	100	112,7	116,4	125,9	135,9	143,6	139,9

a) Bis 1975 IB-Systematik 3950, ab 1976 SYPRO 3951, 3954, 3957. - b) Bis 1975 IB-Systematik 39, ab 1976 SYPRO 3911, 3931, 3940, 3951, 3954, 3957, 3960. - c) SYPRO 39.

Tabelle 12

Anteile an den Beschäftigten und am Umsatz der Unternehmen der Herstellung von Musikinstrumenten, Spielwaren, Füllhaltern usw.

SYPRO-Kennziffer	Bezeichnung des Wirtschaftszweigs	Anteile an den Beschäftigten %						
		1976	1977	1978	1979	1980	1981	
		ohne Handwerk		einschließlich Handwerk				
3911	H.v.Musikinstrumenten	12,6	12,4	13,1	13,0	13,4	13,4	14,4
3931	H.v.Spielwaren, Christbaumschmuck	33,6	32,1	31,1	29,7	29,2	29,4	27,0
3940	H.v.Turn- und Sportgeräten	8,2	8,6	8,4	8,1	7,9	7,4	7,6
3951	H.v.Gold- und Silberschmiedewaren, a.n.g.	0,1	0,1	0,6	0,5	0,5	0,3	0,1
3954	H.v.Schmuck aus Edelmetall oder -plattierungen	17,9	17,1	16,8	16,7	16,6	16,2	16,8
3957	H.v.Phantasieschmuck	5,9	5,8	5,9	5,3	4,8	4,6	4,4
3960	Bearbeitung von Edelsteinen, Perlen, Perlmutter, Hartglas	1,9	1,7	1,8	1,7	1,5	1,5	1,5
3970	H.v.Münzen, Medaillen	2,1	1,6	1,6	1,6	1,6	1,8	1,8
3980	H.v.Füllhaltern und ähnl., Stempeln; Verarbeitung von Schnitz- und Formstoffen	8,5	8,5	8,3	8,3	8,7	8,9	9,4
3990	Foto- und Filmlabors	9,1	12,0	12,4	15,2	15,9	16,6	17,0
39	H.v.Musikinstrumenten, Spielwaren, Füllhaltern usw.	100	100	100	100	100	100	100
	Beschäftigte (Anzahl)	59 487	59 527	61 862	63 647	64 566	64 423	59 298
	Umsatz (Mill. DM)							

Tabelle 12 (Fortsetzung)

SYPRO-Kennziffer	Bezeichnung des Wirtschaftszweigs	Anteile am Umsatz %						
		1976	1977		1978	1979	1980	1981
		ohne Handwerk		einschließlich Handwerk				
3911	H.v.Musikinstrumenten	10,7	10,4	10,9	10,9	11,0	10,9	11,9
3931	H.v.Spielwaren, Christbaumschmuck	30,9	32,1	31,2	29,6	29,5	29,0	26,7
3940	H.v.Turn- und Sportgeräten	10,3	10,4	10,2	8,9	8,8	9,3	9,5
3951	H.v.Gold- und Silberschmiedewaren, a.n.g.	0,1	0,1	0,6	0,6	0,6	0,3	0,1
3954	H.v.Schmuck aus Edelmetall oder -plattierungen	22,0	19,8	19,7	20,7	21,5	20,9	21,4
3957	H.v.Phantasieschmuck	5,0	4,2	4,3	4,1	4,2	4,8	5,8
3960	Bearbeitung von Edelsteinen, Perlen, Perlmutter, Hartglas	2,1	1,9	1,9	1,9	1,7	1,7	1,7
3970	H.v.Münzen, Medaillen	2,8	2,5	2,5	2,2	1,3	1,5	1,4
3980	H.v.Füllhaltern und ähnl., Stempeln; Verarbeitung von Schnitz- und Formstoffen	8,4	8,2	8,0	8,4	8,5	8,6	8,7
3990	Foto- und Filmlabors	7,6	10,3	10,7	12,7	12,9	13,0	12,8
39	H.v.Musikinstrumenten, Spielwaren, Füllhaltern usw.	100	100	100	100	100	100	100
	Beschäftigte (Anzahl)							
	Umsatz (Mill. DM)	4 369	4 924	5 086	5 501	5 938	6 274	6 113

Quelle: Statistisches Bundesamt, Fachserie 4, Reihe 4.2.1 und 4.1; Berechnungen des Ifo-Instituts.

Tabelle 13

Faktorintensitäten in der Herstellung von Musikinstrumenten, Spielwaren, Füllhaltern usw.

Faktorintensität	Jahr bzw. Zeitraum	Absolute Werte	Verarbeitendes Gewerbe = 100
Sachkapitalintensität[a)]	1981	56 699	59,7
Ausbildungskapitalintensität[b)]	1978	66 001	59,8
Aufwendungen für Forschung und Entwicklung			
je Beschäftigten	1979	2 280	46,6
Anteil am Umsatz	1979	2,5	78,1
Materialintensität[c)]	1978	38,9	82,9
Energieintensität[d)]	1975	0,93	.
Umweltintensität[e)]	1971/78	1,6	30,8

a) Bruttoanlagevermögen je Beschäftigten in DM zu Preisen von 1976. - b) Ausbildungskapital je Beschäftigten in DM (kapitalintensierter Teil der Lohn- und Gehaltssumme, den die Beschäftigten aufgrund ihrer Ausbildung erhalten. - c) Anteil des Einsatzes an Roh-, Hilfs- und Betriebsstoffen (ohne Brenn- und Treibstoffe sowie Energie) am Umsatz in %. - d) Energiekosten in DM je 100 DM Produktionswert. - e) Anteil der Umweltschutzinvestitionen an den Gesamtinvestitionen in %.

Quelle: R. Krengel u.a., Produktionsvolumen und -potential, Produktionsfaktoren des Bergbaus und des Verarbeitenden Gewerbes in der Bundesrepublik Deutschland, hrsg. vom Deutschen Institut für Wirtschaftsforschung, Berlin 1982; Stifterverband für die Deutsche Wissenschaft, Essen; A. Gebhardt u.a., Auswirkungen von Energiepreiserhöhungen auf die Wettbewerbsfähigkeit energieintensiver Produktionen der deutschen Industrie, Untersuchung des Ifo-Instituts im Auftrag des Bundesministeriums für Wirtschaft, München 1982, S. 307. K.-P. Kriegsmann, A.D. Neu, Globale regionale und sektorale Wettbewerbsfähigkeit der deutschen Wirtschaft, Frankfurt/Bern 1982, S. 8; R.-U. Sprenger, Umweltschutz und unternehmerisches Wettbewerbsverhalten, in: Ifo-Schnelldienst Nr. 1/2, 15.1.1981, S. 4.

Tabelle 14

Anteil der Selbständigen und mithelfenden Familienangehörigen an den gesamten Erwerbstätigen
% der Erwerbstätigen

Jahr	Herstellung von Musikinstrumenten, Spielwaren, Füllhaltern usw.	Verarbeitendes Gewerbe	Inland insgesamt
1965	9,3	6,4	19,2
1966	9,2	6,3	18,8
1967	9,3	6,4	19,0
1968	9,5	6,3	18,5
1969	8,3	5,7	17,5
1970	8,5	5,4	16,6
1971	8,8	5,3	16,2
1972	9,0	5,4	15,9
1973	9,1	5,4	15,6
1974	9,5	5,4	15,5
1975	10,0	5,5	15,6
1976	8,8	5,4	15,2
1977	9,7	5,5	14,8
1978	10,5	5,4	14,4
1979	.	5,3	14,0
1980	.	5,2	13,6

Quelle: Statistisches Bundesamt, Fachserie 18, Reihe 1 und 5.3; Berechnungen des Ifo-Instituts.

Tabelle 15

Qualifikationsstruktur der Arbeiter in der Herstellung von Musikinstrumenten, Spielwaren, Füllhaltern usw. und in der gesamten Industrie

Prozentuale Verteilung der Arbeiter nach Qualifikationsgruppen

Bereich	1960			1970			1981		
	a)	b)	c)	a)	b)	c)	a)	b)	c)
Herstellung von Musikinstrumenten, Spielwaren, Füllhaltern usw.	35,8	34,1	30,0	33,3	36,6	30,2	32,1	41,6	26,3
Gesamte Industrie	40,6	36,4	23,1	41,7	37,0	21,1	47,2	35,4	17,5

a) Hochqualifizierte Arbeitskräfte. - b) Qualifizierte Arbeitskräfte. - c) Unqualifizierte Arbeitskräfte.

Quelle: K. Breithaupt u.a., Analyse der strukturellen Entwicklung der deutschen Wirtschaft, Kiel 1979, S.50; Statistisches Bundesamt, Fachserie 16 (Löhne und Gehälter), Reihe 2.1 Arbeiterverdienste in der Industrie; Berechnungen des Ifo-Instituts

Tabelle 16

Entwicklung und Modernitätsgrad[a)] des Bruttoanlagevermögens[b)] in der Herstellung von Musikinstrumenten, Spielwaren, Füllhaltern usw. sowie im Verarbeitenden Gewerbe insgesamt

Jahr	Herstellung v.Musikinstrumenten, Spielwaren, Füllhaltern usw.		Verarbeitendes Gewerbe insgesamt	
	1976 = 100	Modernitätsgrad	1976 = 100	Modernitätsgrad
1970	72,0	69,9	79,4	63,0
1971	77,6	69,4	84,7	63,3
1972	82,8	68,6	89,5	63,2
1973	87,9	67,8	93,3	62,7
1974	92,7	66,9	96,2	61,9
1975	96,6	65,7	98,3	60,9
1976	100	64,4	100	59,8
1977	104,4	63,6	101,7	58,8
1978	109,6	63,2	103,2	58,0
1979	115,3	63,0	104,8	57,4
1980	121,1	62,7	106,8	57,1
1981	126,0	62,2	108,7	56,8

a) Der Modernitätsgrad ist ein Indikator für die Qualität des Anlagevermögens. Er bezeichnet die Relation des realen Nettoanlagevermögens, das nach Abzug der Abschreibungen - als bereits erfolgte Amortisationen früherer Investitionsjahrgänge - für zukünftige Leistungsabgaben noch im Anlagenbestand gebunden ist, zu dem im jeweiligen Zeitpunkt verfügbaren Leistungspotential des Brutto-Bestands der Anlagen. - b) In Preisen von 1976.

Quelle: R. Krengel u.a., Produktionsvolumen und -potential, Produktionsfaktoren des Bergbaus und des Verarbeitenden Gewerbes in der Bundesrepublik Deutschland, Statistische Kennziffern, verschiedene Folgen, hrsg. vom Deutschen Institut für Wirtschaftsforschung, Berlin.

Tabelle 17

Kapazitätsauslastung in der Herstellung von Musikintrumenten, Spielwaren, Füllhaltern usw. und im Verarbeitenden Gewerbe

in %, maximale Auslastung = 100

Jahr[a)]	Herstellg.v.Musikinstrumenten, Spielwaren, Füllhaltern usw.	Verarbeitendes Gewerbe
1965	99,7	90,9
1966	97,5	87,3
1967	90,1	81,6
1968	90,2	86,6
1969	96,2	94,2
1970	89,8	95,2
1970	91,4	97,0
1971	87,6	92,6
1972	89,6	91,5
1973	88,2	94,1
1974	80,5	89,9
1975	77,4	82,4
1976	87,0	88,4
1977	98,4	89,2
1978	100	89,1
1979	96,0	92,6
1980	82,6	91,5
1981	79,4	88,7

a) Die Berechnungsmethode wurde 1970 umgestellt, deshalb sind für dieses Jahr zwei Werte ausgewiesen.

Quelle: R. Krengel u.a., Produktionsvolumen und -potential, Produktionsfaktoren des Bergbaus und des Verarbeitenden Gewerbes in der Bundesrepublik Deutschland, Statistische Kennziffern, verschiedene Folgen, hrsg. vom Deutschen Institut für Wirtschaftsforschung, Berlin.

Tabelle 18

Altersstruktur des Ausrüstungsvermögens

Anteil der Investitionsjahrgänge in %

Bereich bzw. Altersklasse	1950	1955	1960	1965	1970	1978
Herst.v.Musikinstrumenten, Spielwaren, Füllhaltern usw.						
5 Jahre und jünger	30,1	64,2	59,0	54,2	52,4	31,4
6 bis 10 Jahre	15,3	18,1	30,5	30,1	29,2	36,2
11 Jahre und älter	54,7	17,8	10,5	15,7	18,3	32,5
Verarbeitendes Gewerbe						
5 Jahre und jünger	16,8	43,8	47,0	43,1	35,6	27,9
6 bis 10 Jahre	42,1	11,8	27,7	30,6	31,7	29,9
11 Jahre und älter	41,1	44,4	25,4	26,3	32,8	42,2

Quelle: E.R. Baumgart, Zur Entwicklung der Altersstruktur des Anlagevermögens in der Industrie der Bundesrepublik Deutschland, Berlin 1979.

Tabelle 19

Kapitalkoeffizient[a] in der Herstellung von Musikinstrumenten, Spielwaren, Füllhaltern usw. sowie im Verarbeitenden Gewerbe insgesamt

Jahr[b]	Herstellg.v.Musikinstrumenten, Spielwaren, Füllhaltern usw.	Verarbeitendes Gewerbe
1965	0,52	1,36
1966	0,56	1,44
1967	0,64	1,56
1968	0,67	1,49
1969	0,66	1,39
1970	0,74	1,40
1970	0,83	1,54
1971	0,91	1,62
1972	0,94	1,66
1973	1,01	1,63
1974	1,16	1,72
1975	1,28	1,89
1976	1,19	1,77
1977	1,09	1,76
1978	1,12	1,76
1979	1,22	1,70
1980	1,48	1,72
1981	1,61	1,78

a) Bruttoanlagevermögen zu effektivem Bruttowertschöpfungsvolumen; effektives Bruttowertschöpfungsvolumen gleich 1.
b) Die Berechnungsmethode wurde 1970 umgestellt, deshalb sind für dieses Jahr zwei Werte ausgewiesen.

Quelle: R. Krengel u.a., Produktionsvolumen und -potential, Produktionsfaktoren des Bergbaus und des Verarbeitenden Gewerbes in der Bundesrepublik Deutschland, Statistische Kennziffern, verschiedene Folgen, hrsg. vom Deutschen Institut für Wirtschaftsforschung, Berlin.

Tabelle 20

Investitionstätigkeit in der Herstellung von Musikinstrumenten, Spielwaren, Füllhaltern usw.[a)] und im Verarbeitenden Gewerbe

Jahr	Brutto-Anlageinvestitionen						Investitionsintensität[b)] in DM		Investitionsquote[c)] in %	
	H.v.Musikinstrumenten, Spielwaren, Füllhaltern usw.		Verarbeitendes Gewerbe		Anteil d.H.v. Musikinstrumenten usw. am Verarb. Gewerbe in %					
	1970 = 100						H.v.Musikinstrumenten usw.	Verarbeitendes Gewerbe	H.v.Musikinstrumenten usw.	Verarbeitendes Gewerbe
	in jeweil. Preisen	in Preisen von 1970	in jeweil. Preisen	in Preisen von 1970	in jeweil. Preisen	in Preisen von 1970				
1965	70	64	84	77	0,35	0,35	1 225	2 660	4,4	6,3
1966	65	64	76	75	0,33	0,33	1 120	2 605	3,9	6,0
1967	74	57	87	67	0,42	0,42	1 340	2 475	4,6	5,4
1968	74	57	84	64	0,42	0,42	1 310	2 395	4,3	5,1
1969	100	79	110	86	0,41	0,41	1 630	3 015	5,1	6,1
1970	100	100	100	100	0,39	0,39	1 995	4 345	4,9	6,5
1971	97	91	107	101	0,35	0,35	2 020	4 675	4,5	6,5
1972	100	92	97	90	0,40	0,40	2 120	4 330	4,3	5,6
1973	103	92	93	84	0,43	0,43	2 230	4 115	4,2	4,7
1974	107	90	91	76	0,46	0,46	2 375	4 125	4,0	4,1
1975	93	73	86	68	0,42	0,42	2 215	4 220	3,4	4,0
1976	107	82	93	71	0,45	0,45	2 495	4 650	3,5	3,9
1977	145	107	99	73	0,57	0,57	3 310	4 985	4,1	3,9
1978	155	111	104	75	0,58	0,58	3 490	5 250	4,1	4,0
1979	193	134	118	83	0,64	0,63	4 315	5 975	4,8	4,1
1980	179	120	137	91	0,51	0,51	4 020	6 880	4,2	4,4
1981	186	120	133	85	0,54	0,54	4 425	6 855	4,3	4,1

a) 1965 bis 1969 IB-Systematik Nr. 39, 1970 bis 1980 SYPRO Nr. 39; für Unternehmen. - b) Brutto-Anlageinvestitionen je Beschäftigten. - c) Anteil der Brutto-Anlageinvestitionen am Umsatz.

Quelle: Ifo-Investitionstest.

Tabelle 21

Zielsetzung der Investitionstätigkeit in der Herstellung von Musikinstrumenten, Spielwaren, Füllhaltern usw.

Als Hauptziel ihrer Investitionstätigkeit nannten ... % der Unternehmen

Jahr	Erweiterung			Rationalisierung		Ersatzbeschaffung
	insgesamt	dabei[a)] unter Beibehaltung d. Produktionsprogramms	dabei[a)] unter Änderung d. Produktionsprogramms	insgesamt	darunter: gerichtet auf Lohn- u. Gehaltskosten	
1965	32	.	.	47	.	21
1966	23	.	.	54	.	23
1967	20	.	.	61	.	19
1968	37	.	.	31	.	32
1969	37	.	.	48	.	15
1970	43	12	26	27	.	30
1971	45	19	21	49	45	6
1972	44	22	18	51	42	5
1973	46	20	22	45	22	9
1974	16	5	8	50	27	34
1975	22	17	5	64	34	14
1976	13	4	8	54	38	33
1977	31	24	4	32	25	37
1978	61	45	16	13	12	26
1979	44	12	32	28	13	28
1980	13	11	2	61	55	26
1981	25	8	2	49	39	26

a) Die hier aufgeführten Prozentsätze ergänzen sich nicht unbedingt zu den entsprechenden Sätzen für die Hauptziele, da nicht alle Unternehmen Unterziele angegeben haben.

Quelle: Ifo-Investitionstest.

Tabelle 22

Brutto-Anlagevermögen je Beschäftigten[a)]

1970 (für 1965 bis 1970) und 1976 (für 1970 bis 1981) = 100

Jahr	Herstellung von Musikinstrumenten, Spielwaren, Füllhaltern usw.[b)]	Verarbeitendes Gewerbe insgesamt
1965	64,3	78,4
1966	70,2	84,1
1967	79,8	94,7
1968	85,8	97,8
1969	90,6	97,5
1970	100	100
1970	61,6	69,0
1971	69,6	74,1
1972	75,1	79,9
1973	81,1	82,7
1974	88,2	87,2
1975	98,4	96,0
1976	100	100
1977	102,1	102,5
1978	105,5	104,6
1979	110,3	105,9
1980	116,2	107,2
1981	128,2	111,7

a) In DM zu Preisen von 1970 (für 1965 bis 1970) bzw. in DM zu Preisen von 1976 (für 1970 bis 1981). - b) 1965 bis 1969 IB-Systematik Nr. 39, 1970 bis 1980 SYPRO Nr. 39; für Unternehmen.

Quelle: R. Krengel u.a., Produktionsvolumen und -potential, Produktionsfaktoren des Bergbaus und des Verarbeitenden Gewerbes in der Bundesrepublik Deutschland, Statistische Kennziffern, verschiedene Folgen, hrsg. vom Deutschen Institut für Wirtschaftsforschung, Berlin.

Tabelle 23

Anteil der Vorleistungen am Bruttoproduktionswert in %

Jahr	Herstellg.v.Musikinstrumenten, Spielwaren, Füllhaltern usw.	Verarbeitendes Gewerbe
1965	49,2	59,3
1966	49,2	58,9
1967	49,2	58,3
1968	50,1	59,5
1969	50,5	60,0
1970	49,5	60,2
1971	49,6	59,9
1972	51,1	59,6
1973	51,8	60,0
1974	55,1	61,8
1975	50,9	61,7
1976	50,7	62,2
1977	51,0	61,7
1978	53,1	61,0

Quelle: Statistisches Bundesamt, Fachserie 18, Reihe 1.

Tabelle 24

Verwendung von Energie 1975 nach Energieträgern
Relationen zu den Produktionswerten
für fachliche Unternehmensbereiche

Energieeinsatz und Relationen	Herst.v.Musikinstrum., Sportgeräten, Spiel- u.Schmuckwaren	Alle Produktionsbereiche
Energieeinsatz in Mill.DM		
zu Ab-Werk-Preisen in % der Produktionswerte	1,1	5,4
zu Anschaffungspreisen		
in % der Produktionswerte	1,2	5,7
in % der Vorleistungen	2,4	10,5
Terajoule Einergieeinsatz je Mill.DM Produktionswert	0,8	7,7
Insgesamt		
davon: Primärenergieträger	-	4,1
Sekundärenergieträger	0,8	3,6

Quelle: Statistisches Bundesamt, Fachserie 18, Reihe 2.

Tabelle 25

Betriebsgrößenstruktur in der Herstellung von Musikinstrumenten, Spielwaren, Füllhaltern usw.[a] und im verarbeitenden Gewerbe im September 1980

Beschäftigten-größenklasse mit ... bis ... Beschäftigten	Betriebe				Beschäftigte			
	Anzahl		%		Anzahl		%	
	SYPRO Nr. 39	Verarb. Gewerbe	SYPRO Nr. 39	Verarb. Gewerbe	SYPRO Nr. 39	Verarb. Gewerbe	SYPRO Nr. 39	Verarb. Gewerbe
1 - 19[b]	1 643	49 095	70,9	53,7	9 115	320 135	12,4	4,1
20 - 49	386	18 771	15,2	20,5	12 511	612 775	17,0	7,9
50 - 99	162	10 288	7,9	11,3	11 105	720 023	15,1	9,3
100 - 199	88	6 280	3,7	6,9	12 315	872 729	16,7	11,3
200 - 499	65	4 479	1,9	4,9	24 513 (200 - 999)	1 379 421	33,2 (200 - 999)	17,8
500 - 999	9	1 433	0,2	1,6		990 995		12,8
1000 und mehr	3	1 046	0,2	1,1	4 223	2 840 757	5,7	36,7
Insgesamt	2 356	91 392	100,0	100,0	73 782	7 736 835	100,0	100,0

Fußnoten siehe folgende Seite.

Tabelle 25 (Fortsetzung)

Beschäftigtengrößenklasse mit ... bis ... Beschäftigten	Umsatz			
	Mill. DM		%	
	SYPRO Nr. 39	Verarb. Gewerbe	SYPRO Nr. 39	Verarb. Gewerbe
1 - 19[b)]	81,6	4 062,3	11,7	3,8
20 - 49	129,9	6 779,7	18,6	6,4
50 - 99	101,9	8 276,8	14,6	7,8
100 - 199	122,3	10 561,8	17,5	9,9
200 - 499	226,1 (200 - 999)	18 923,4	32,4 (200 - 999)	17,8
500 - 999		14 869,8		14,0
1000 und mehr	36,1	43 098,7	5,2	40,4
Insgesamt	698,0	106 572,4	100,0	100,0

a) SYPRO Nr. 39. - b) Industrielle Kleinbetriebe, ohne Betriebe mit 1 bis 19 Beschäftigten von Unternehmen mit im allgemeinen 20 Beschäftigten und mehr.

Quelle: Statistisches Bundesamt, Fachserie 4, Reihe 4.1.2; Berechnungen des Ifo-Instituts.

Tabelle 26

Betriebsgrößenstruktur in der Herstellung von Musikinstrumenten, Spielwaren, Füllhaltern usw.[a)b)]

Beschäftigtengrößenklasse Betriebe mit ... bis ... Beschäftigten	Anzahl der Betriebe				Anzahl der Beschäftigten			
	1965	1970	1975	1980	1965	1970	1975	1980
1 - 19[c)]	1 599	1 542	1 416	1 643	8 505	8 149	7 764	9 115
20 - 49	343	352	342	386	10 994	11 079	10 938	12 511
50 - 99	177	171	114	162	12 266	11 412	10 014	11 105
100 - 199	84	96	69	88	11 564	13 085	9 564	12 315
200 - 499	43	41	34	65	12 762	12 405	9 512	24 513 (200 - 999)
500 - 999	4	5	36 (500 und mehr)	9	9 230 (500 und mehr)	3 296	5 902 (500 - 999 zusammen mit 1000 und mehr)	
1000 und mehr	4	3		3		5 003		4 223
Insgesamt	2 254	2 210	2 011	2 356	65 321	64 429	53 694	73 782

Fußnoten siehe folgende Seite.

Beschäftigtengrößenklasse Betriebe mit ... bis ... Beschäftigten	Anteil der Beschäftigtengrößenklassen in %							
	gemessen an der Zahl der Betriebe				gemessen an der Zahl der Beschäftigten			
	1965	1970	1975	1980	1965	1970	1975	1980
1 - 19[c)]	70,9	69,8	70,4	69,7	13,0	12,6	14,5	12,4
20 - 49	15,2	15,9	17,0	16,4	16,8	17,2	20,4	17,0
50 - 99	7,9	7,7	5,7	6,9	18,8	17,7	18,7	15,1
100 - 199	3,7	4,3	3,4	3,7	17,7	20,3	17,8	16,7
200 - 499	1,9	1,9	1,7	2,8	19,5	19,3	17,7	33,2 (200 - 999)
500 - 999	0,2	0,2	1,8 (500 und mehr)	0,4	14,1 (500 und mehr)	5,1	11,0 (500 und mehr)	
1000 und mehr	0,2	0,1		0,1		7,8		5,7
Insgesamt	100,0	100,0	100,0	100,0	100,0	100,0	100,0	100,0

a) 1965, 1970 und 1975 IB-Systematik Nr. 39, 1980 SYPRO Nr. 39. - b) Jeweils im September. - c) Industrielle Kleinbetriebe, ohne Betriebe mit 1 bis 19 Beschäftigten von Unternehmen mit im allgemeinen 20 Beschäftigten und mehr.

Quelle: Statistisches Bundesamt, Fachserie 4, Reihe 4.1.2; Berechnungen des Ifo-Instituts.

Tabelle 27

Struktur der Brutto-Anlageinvestitionen in der Herstellung von Musikinstrumenten, Spielwaren, Schmuckwaren und Sportgeräten im Durchschnitt der Jahre 1975 bis 1977

Anteile in %

Investitionskategorie	Herst.v.Musikinstrumenten usw.	Verarbeitendes Gewerbe
	1977	1977
Kapazitätsinvestitionen	44	50
Ersatzinvestitionen	(31)	(50)
Erweiterungsinvestitionen im Rahmen des bestehenden Produktionsprogramms	(13)	(20)
Innovationsinvestitionen	49	41
Rationalisierungsinvestitionen insgesamt	(26)	(29)
darunter:		
zur Erhöhung d.Mechanisierungs- u.Automatisierungsgrades	(18)	(21)
zur Einführung neuer Fertigungs- u.Verfahrenstechniken	(8)	(8)
Investitionen zur Änderung des Produktionsprogramms	(20)	(10)
FuE-Investitionen	(3)	(2)
Schutzinvestitionen	7	9
Umweltschutzinvestitionen	(2)	(6)
Arbeitsschutzinvestitionen	(5)	(3)

Quelle: L. Uhlmann, Konsum- und Investitionsverhalten in der Bundesrepublik Deutschland seit den fünfziger Jahren, Band II: Das Investitionsverhalten der Industrie im Spiegel von Investitionsbefragungen, Berlin 1981, S. 46/47.

Motive und Anlässe für durchgeführte und geplante Investitionen, Herbst 1980

Investitionsmotiv	Von den befragten Firmen nannten als Investitionsmotiv bzw. -anlaß ... %[a)]			
	in den vergangenen 5 Jahren		in den kommenden 5 Jahren	
	Verarbeitendes Gewerbe[b)]	Herst.v.Musikinstrumenten, Spielwaren, Füllhaltern usw.	Verarbeitendes Gewerbe[b)]	Herst.v.Musikinstrumenten, Spielwaren, Füllhaltern usw.
Zu kleine Produktionskapazitäten	40	39	18	17
Rationalisierung	84	68	90	81
Umstellung bzw. Ausweitung des Produktionsprogramms	38	37	36	34
Umstellung auf neue Produktionsmethoden	32	39	39	44
Qualitätsverbesserung	49	44	56	59
Anlagen für Forschung und Entwicklung	12	10	16	12
Verbesserung der Arbeitsbedingungen, soziale Infrastruktur	35	39	38	39
Umweltschutz	31	24	35	22
Dabei spielten bzw. spielen folgende Anlässe eine besondere Rolle:				
Technische Entwicklung	65	59	67	66
Arbeitskräftemangel	41	32	42	27
Veränderungen der Nachfragestruktur	24	34	29	34
Energie- und Rohstoffverteuerung	25	20	46	46

a) Mehrfachantworten waren üblich. - b) Ohne chemische Industrie.

Quelle: Sondererhebung im Rahmen des Ifo-Investitionstests im Herbst 1980.

Tabelle 29

Einführung neuer Produktionsmethoden in der Herstellung von Musikinstrumenten, Spiel-, Schmuckwaren, Turn- und Sportgeräten

Jahr	Die Investitionen dienten u.a. hierzu bei ... % der Unternehmen in der ...				
	Gesamten Branche	darunter:			
		Herstellung von Musikinstr.	Herstellung von Spielwaren	Herstellung von Turn- u.Sportger.	Herstellung von Schmuckwaren
1965	16	2	14	48	22
1966	16	10	16	6	41
1967	26	6	29	10	46
1968	16	9	15	16	32
1969	11	9	9	8	23
1970	5	5	6	.	2
1971	25	27	16	.	50
1972	35	71	28	.	4
1973	12	12	11	.	20
1974	25	22	32	.	17
1975	23	52	21	.	20
1976	23	29	27	.	5
1977	41	0	53	.	27
1978	57	23	64	.	58
1979	45	32	58	.	24
1980	36	32	43	.	24
1981	37	60	32	.	31

Quelle: Ifo-Investitionstest.

Tabelle 30

Entwicklung der Arbeitsproduktivität und ihrer Komponenten

Durchschnittliche jährliche Veränderungsraten in %

	Herstellung von Musikinstrumenten, Spielwaren, Füllhaltern usw.				Verarbeitendes Gewerbe			
	1965/70	1970/75	1975/80	1981	1965/70	1970/75	1975/80	1981
Index der Nettoproduktion	1,5	-2,7	1,5	-4,1	5,2	0,2	3,4	-1,6
Geleistete Beschäftigtenstunden	-1,3	-4,9	0,9	-6,0	0,4	-4,2	-0,9	-4,2
Produktionsergebnis je Beschäftigtenstunde	2,8	2,3	0,6	2,0	4,8	4,6	4,3	2,7

Quelle: Statistisches Bundesamt, Fachserie 4, Reihe 2.1.

Tabelle 31

Komponenten der Arbeitsproduktivität

1970 bis 1978

Bereich	Jahresdurchschnittliche Veränderungsrate der Arbeitsproduktivität in %	davon lassen sich ... % zurechnen			
		der Kapitalintensivierung	der Veränderung der Ausbildung	der Veränderung des Anteils der weiblichen Arbeitskräfte	dem Restfaktor "technischer Fortschritt"
Herstellung von Musikinstrumenten, Spielwaren, Füllhaltern usw.	2,8	55,7	1,5	1,7	41,1
Verbrauchsgüter produzierendes Gewerbe	4,4	28,0	1,5	1,9	68,6
Investitionsgüter produzierendes Gewerbe	5,3	18,6	5,6	-0,4	76,1
Grundstoff- und Produktionsgütergewerbe	5,4	22,2	3,7	-0,2	74,3

Quelle: G. Fels, K.-D. Schmidt, Die deutsche Wirtschaft im Strukturwandel, Tübingen 1980, S. 105.

Tabelle 32

Unternehmensgrößenstruktur in der Herstellung von Musikinstrumenten, Spielwaren, Füllhaltern usw.[a)b)]

Beschäftigtengrößenklasse Unternehmen mit ... bis ... Beschäftigten	Anzahl der Unternehmen				Anzahl der Beschäftigten			
	1965	1970	1975	1978	1965	1970	1975	1978
20 - 49	305	312	297	406	9 429	9 774	9 442	12 865
50 - 99	161	145	133	147	11 097	9 859	9 124	10 163
100 - 199	76	85	58	82	10 335	11 518	8 082	11 265
200 - 499	35	42	37	61	10 035	12 834	11 467	17 748
500 - 999	12	9	8 (500 und mehr)	11	6 981	5 402	7 623 (500 und mehr)	7 139
1000 und mehr	4	4		4	8 399	7 410[c)]		6 084
Insgesamt	593	597	533	711	56 276	56 797	45 738	65 264

Fußnoten siehe folgende Seite.

Beschäftigtengrößenklasse Unternehmen mit ... bis ... Beschäftigten	Anteil der Beschäftigtengrößenklassen in %							
	gemessen an der Zahl der Unternehmen				gemessen an der Zahl der Beschäftigten			
	1965	1970	1975	1978	1965	1970	1975	1978
20 - 49	51,4	52,3	55,7	57,1	16,8	17,2	20,6	19,7
50 - 99	27,2	24,3	25,0	20,7	19,7	17,4	19,9	15,6
100 - 199	12,8	14,2	10,9	11,5	18,4	20,3	17,7	17,3
200 - 499	5,9	7,0	6,9	8,6	17,8	22,6	25,1	27,2
500 - 999	2,0	1,5	1,5 (500 und mehr)	1,5	12,4	9,5	16,7 (500 und mehr)	10,9
1000 und mehr	0,7	0,7		0,6	14,9	13,0		9,3
Insgesamt	100,0	100,0	100,0	100,0	100,0	100,0	100,0	100,0

a) 1965, 1970 und 1975 IB-Systematik Nr. 39, 1980 SYPRO Nr. 39. - b) Jeweils für September. - c) Schätzung.

Quelle: Statistisches Bundesamt, Fachserie 4, Reihe 4.2.1; Berechnungen des Ifo-Instituts.

Tabelle 33

Unternehmensgrößenstruktur in der Herstellung von Musikinstrumenten, Spielwaren, Füllhaltern usw.[a] und im verarbeitenden Gewerbe im Jahr 1978[b]

Beschäftigtengrößenklasse	Betriebe				Beschäftigte			
	Anzahl		%		Anzahl		%	
Unternehmen mit ... bis ... Beschäftigten	SYPRO Nr. 39	Verarb. Gewerbe	SYPRO Nr. 39	Verarb. Gewerbe	SYPRO Nr. 39	Verarb. Gewerbe	SYPRO Nr. 39	Verarb. Gewerbe
20 - 49	406	17 281	57,1	47,3	12 865	555 253	19,7	7,5
50 - 99	147	8 529	20,7	23,4	10 163	597 915	15,6	8,1
100 - 199	82	5 102	11,5	14,0	11 265	712 240	17,3	9,6
200 - 499	61	4 731 (200 - 999)	8,6	13,0 (200 - 999)	17 748	1 890 490 (200 - 999)	27,2	25,6 (200 - 999)
500 - 999	11		1,5		7 139		10,9	
1000 und mehr	4	871	0,6	2,4	6 084	3 636 927	9,3	49,2
Insgesamt	711	36 514	100,0	100,0	65 264	7 392 825	100,0	100,0

Fußnoten siehe folgende Seite.

Tabelle 33 (Fortsetzung)

Beschäftigten-größenklasse Unternehmen mit ... bis ... Beschäftigten	Umsatz			
	Mill. DM		%	
	SYPRO Nr. 39	Verarb. Gewerbe	SYPRO Nr. 39	Verarb. Gewerbe
20 - 49	1 125	59 078	20,6	6,0
50 - 99	840	65 980	15,4	6,6
100 - 199	941	84 230	17,2	8,5
200 - 499	1 495	236 226	27,3	23,8
500 - 999	661		12,1	
1000 und mehr	409	547 200	7,5	55,1
Insgesamt	5 471	992 714	100,0	100,0

a) SYPRO Nr. 39. - b) Unternehmen und Beschäftigte September, Umsätze Kalenderjahr.

Quelle: Statistisches Bundesamt, Fachserie 4, Reihe 4.2.1; Berechnungen des Ifo-Instituts.

Tabelle 34

Beschäftigte der jeweils größten Unternehmen 1978 in der Herstellung von Musikinstrumenten, Spielwaren, Füllhaltern usw.[a] und im Verarbeitenden Gewerbe (einschl. Bergbau) gemessen an den Beschäftigten

Bis ... % des gesamten Merkmalsbetrags	SYPRO Nr. 39			Verarb. Gewerbe (einschl. Bergbau)		
	Unternehmen		Beschäftigte	Unternehmen		Beschäftigte
	insgesamt	Anteil	Anteil	insgesamt	Anteil	Anteil
	Anzahl	%	%	Anzahl	%	%
10	4	0,6	9,3	.	.	.
30	30	4,2	29,8	107	0,3	30,0
40	54	7,6	39,9	318	0,9	40,0
50	84	11,8	49,8	830	2,3	50,0
60	129	18,1	59,9	1 869	5,1	60,0
70	197	27,7	70,0	3 845	10,5	70,0
90	460	64,7	90,0	15 572	42,6	90,0
100	711	100,0	100,0	36 593	100,0	100,0

a) SYPRO Nr. 39.

Quelle: Statistisches Bundesamt, Fachserie 4, Reihe 4.2.1.

Tabelle 35

Entwicklung des potentiellen Produktionsvolumens[a] in der Herstellung von Musikinstrumenten, Spielwaren, Füllhaltern usw. sowie im Verarbeitenden Gewerbe

1970 bzw. 1976 = 100

Jahr[b]	Herstellg.v.Musikinstrumenten, Spielwaren, Füllhaltern usw.[c]	Verarbeitendes Gewerbe
1965	83,6	81,0
1966	87,2	85,2
1967	90,3	88,8
1968	93,2	91,6
1969	96,6	95,1
1970	100	100
1970	98,2	83,2
1971	100,4	88,0
1972	101,5	92,0
1973	102,1	95,1
1974	102,1	97,4
1975	100,9	98,7
1976	100	100
1977	100,0	101,3
1978	100,5	102,7
1979	101,3	104,1
1980	101,9	105,9
1981	101,6	107,6

a) Für 1965 bis 1970: Potentielles Nettoproduktionsvolumen in DM zu Preisen von 1970; für 1970 bis 1981: Potentielles Bruttowertschöpfungsvolumen in DM zu Preisen von 1976. - b) Die Berechnungsmethode wurde 1970 umgestellt, deshalb sind für dieses Jahr zwei Werte ausgewiesen. - c) 1965 bis 1970 IB-Systematik Nr. 39, 1970 bis 1981, SYPRO Nr. 39.

Quelle: R. Krengel u.a., Produktionsvolumen und -potential, Produktionsfaktoren des Bergbaus und des Verarbeitenden Gewerbes in der Bundesrepublik Deutschland, Statistische Kennziffern, verschiedene Folgen, hrsg. vom Deutschen Institut für Wirtschaftsforschung, Berlin.

Tabelle 36

Entwicklung der Inlandsverfügbarkeit[a)] an Musikinstrumenten, Spielwaren, Füllhaltern usw.

1976 = 100

Bereich	1965	1970	1971	1972	1973	1974	1975	1976	1977	1978	1979	1980	1981
Musikinstrumente	36,1	43,1	50,1	58,7	69,6	74,7	87,8	100	111,8	133,3	149,1	164,7	168,5
Spielwaren, Christbaumschmuck	51,3	64,4	67,6	78,5	81,9	88,0	89,5	100	106,2	107,6	113,7	125,4	136,9
Turn- und Sportgeräte	28,9	48,6	57,3	63,6	64,6	78,9	85,2	100	118,0	124,9	126,1	158,1	119,7
Schmuckwaren, Münzen, Medaillen[b)]	37,8	46,2	55,1	60,8	71,0	96,2	114,3	100	96,0	115,3	192,8	143,9	64,4
Schmuck aus Edelmetall oder -plattierungen, Phantasieschmuck	68,3	77,7	90,7	97,8	96,1	91,4	102,3	100	97,6	110,4	122,5	113,5	99,5
Bearbeitete Edelsteine, Perlen, Perlmutter, Hartglas	56,3	83,8	91,9	102,4	118,6	103,8	102,6	100	99,5	106,8	83,0	69,9	74,2
Füllhalter u.ä., Stempel; verarbeitete Schnitz- u.Formstoffe	51,7	68,1	72,0	74,7	81,6	79,2	85,0	100	108,5	115,3	135,2	136,4	142,0
Foto- und Filmlabors	4,8	22,1	29,4	42,9	51,6	67,7	87,5	100	151,7	204,3	249,6	280,6	293,2
Musikinstrumente, Spielwaren, Füllhalter usw.	40,3	53,6	60,2	68,2	75,6	87,4	97,1	100	107,6	121,4	152,7	146,4	121,2
darunter: - ohne Gold- und Silberschmiedewaren, a.n.g., Münzen, Medaillen	47,0	61,4	68,5	77,1	81,5	84,9	91,7	100	109,9	121,3	131,3	140,5	138,1

a) Produktion abzüglich Ausfuhr zuzüglich Einfuhr. - b) 1965 bis 1975 IB-Systematik 3950, 1976 bis 1981 SYPRO 3951, 54, 57, 70.

Quelle: Statistisches Bundesamt, Fachserie D (Industrie und Handwerk), Reihe 3 (Industrielle Produktion), Fachserie 4 (Produzierendes Gewerbe) Reihe 3.1 (Produktion im Produzierenden Gewerbe nach Waren und Warengruppen), Fachserie G (Außenhandel), Reihe 2 (Spezialhandel nach Waren und Ländern), Fachserie 7 (Außenhandel), Reihe 2 (Außenhandel nach Waren und Ländern (Spezialhandel); Berechnungen des Ifo-Instituts.

Tabelle 37

Struktur der Inlandsverfügbarkeit[a] an Musikinstrumenten, Spielwaren, Füllhaltern usw.

%-Anteile

Bereich	1965	1970	1975	1976	1977	1978	1979	1980	1981
Musikinstrumente	7,1	6,5	8,9	9,3	9,4	10,2	10,5	10,8	11,3
Spielwaren, Christbaumschmuck	33,6	32,3	30,0	30,8	29,7	27,3	26,7	27,5	30,5
Turn- und Sportgeräte	8,5	11,0	12,9	13,9	14,9	14,3	13,3	15,6	12,0
Schmuck aus Edelmetall oder -plattierungen, Phantasieschmuck	30,1	26,2	23,1	20,7	18,4	18,9	19,4	16,8	14,9
Bearbeitete Edelsteine, Perlen, Pelmutter, Hartglas	8,6	9,8	8,1	7,2	6,5	6,3	4,5	3,6	3,9
Füllhalter u.ä., Stempel; verarbeitete Schnitz- und Formstoffe	11,2	11,4	9,5	10,2	10,1	9,7	10,5	9,9	10,5
Foto- und Filmlabors	0,8	2,9	7,6	7,9	10,9	13,4	15,1	15,8	16,8
Musikinstrumente, Spielwaren, Füllhalter usw. (ohne Gold- und Silberschmiedewaren, a.n.g., Münzen und Medaillen)	100	100	100	100	100	100	100	100	100

a) Produktion abzüglich Ausfuhr zuzüglich Einfuhr.

Quelle: Statistisches Bundesamt, Fachserie D (Industrie und Handwerk), Reihe 3 (Industrielle Produktion), Fachserie 4 (Produzierendes Gewerbe) Reihe 3.1 (Produktion im Produzierenden Gewerbe nach Waren und Warengruppen), Fachserie G (Außenhandel), Reihe 2 (Spezialhandel nach Waren und Ländern), Fachserie 7 (Außenhandel), Reihe 2 (Außenhandel nach Waren und Ländern (Spezialhandel); Berechnungen des Ifo-Instituts.

Tabelle 38

Entwicklung und Struktur der Bevölkerung nach Altersgruppen

Jahr	Im Alter von ... bis unter ... Jahr															
	Insgesamt	unter 6	6-15	15-21	21-40	40-60	60-65	65 und mehr	Insgesamt	unter 6	6-15	15-21	21-40	40-60	60-65	65 und mehr
	in 1000								Anteil in %							
1965	59012	5959	7353	4375	16370	14358	3564	7034	100	10,0	12,4	7,4	27,7	24,3	6,0	11,9
1966	59638	6054	7521	4506	16385	14311	3609	7254	100	10,1	12,6	7,6	27,5	24,0	6,1	12,6
1967	59873	6081	7698	4646	16148	14198	3631	7470	100	10,2	12,9	7,8	27,0	23,7	6,1	12,5
1968	60184	6057	7913	4730	16036	14120	3663	7665	100	10,0	13,1	7,8	26,6	23,5	6,1	12,7
1969	60848	5977	8163	4822	16237	14106	3695	7847	100	9,8	13,4	7,9	26,7	23,2	6,1	12,9
1970	60651	5738	8321	4820	16077	14018	3687	7991	100	9,5	13,7	7,9	26,5	23,1	6,1	13,2
1971	61302	5510	8606	4894	16399	14000	3673	8221	100	9,0	14,0	8,0	26,8	22,8	6,0	13,4
1972	61672	5236	8805	4996	16637	13936	3654	8408	100	8,5	14,3	8,0	27,1	22,7	5,9	13,7
1973	61976	4901	8969	5125	16894	13855	3635	8596	100	8,0	14,5	8,3	27,3	22,4	5,9	13,9
1974	62054	4558	9065	5253	16968	13844	3589	8777	100	7,4	14,6	8,5	27,3	22,3	5,8	14,1
1975	61829	4232	9054	6366	16783	13993	3463	8937	100	6,9	14,7	8,7	27,1	22,5	5,6	14,5
1976	61531	3959	8912	5491	16568	14311	3213	9067	100	6,5	14,5	9,0	26,9	23,2	5,2	14,7
1977	61400	3752	8697	5666	16434	14753	2879	9220	100	6,2	14,2	9,2	26,8	24,0	4,7	15,0
1978	61325	3597	8411	5832	16338	15245	2529	9373	100	5,8	13,7	9,5	26,6	24,9	4,1	15,3
1979	61359	3528	8044	6021	16260	15705	2301	9500	100	5,7	13,1	9,8	26,5	25,6	3,8	15,5

Quelle: Statistisches Bundesamt, Lange Reihen zur Wirtschaftsentwicklung 1980; Statistisches Jahrbuch 1981.

Tabelle 39

Aufwendungen für Freizeitgüter von 2-Personen-Haushalten von Renten- und Sozialhilfeempfängern mit geringem Einkommen (Haushaltstyp 1)

Jahr/ Zeitraum	Aufwendungen je Haushalt und Monat für			
	Freizeitgüter (ohne Urlaub)	Urlaub	Freizeitgüter insgesamt	
	in DM			in % des ausgabefähig. Einkommens
1965	17,51	3,56	21,07	5,2
1966	22,62	4,32	26,94	6,0
1967	21,28	3,75	25,03	5,5
1968	19,57	4,74	24,31	5,2
1969	23,13	4,96	28,09	5,5
1970	27,81	7,31	35,12	6,2
1971	29,07	7,31	36,38	5,9
1972	32,60	8,91	41,51	5,9
1973	32,77	12,09	44,86	5,9
1974	40,57	12,39	52,96	6,2
1975	43,68	20,27	63,95	6,9
1976	52,40	20,36	72,76	7,2
1977	54,00	21,08	75,08	6,2
1978	61,48	22,57	84,05	7,2
1979	67,36	25,77	93,13	7,5
1980	74,92	31,94	106,86	7,9
1981	80,38	31,62	112,00	7,8
	Durchschnittl. jährl. Wachstumsrate in %			
1965/70	9,7	15,5	10,8	-
1970/75	9,5	22,6	12,7	-
1975/80	11,4	9,5	10,8	-
1981	7,3	- 1,0	4,8	-

Quelle: Statistisches Bundesamt, Fachserie 15, Reihe 1; E. Hemmer, Freizeitaufwand im Konjunkturverlauf, in: iw-trends, Nr. 1/82; Berechnungen des Ifo-Instituts.

Tabelle 40

Aufwendungen für Freizeitgüter von 4-Personen-Arbeitnehmerhaushalten mit mittlerem Einkommen des Haushaltsvorstands (Haushaltstyp 2)

Jahr/ Zeitraum	Aufwendungen je Haushalt und Monat für			
	Freizeitgüter (ohne Urlaub)	Urlaub	Freizeitgüter insgesamt	
	in DM			in % des ausgabefähig. Einkommens
1965	70,90	23,15	94,05	9,5
1966	78,91	25,62	104,53	10,0
1967	80,01	17,76	97,77	9,4
1968	79,94	22,90	102,84	9,9
1969	88,21	26,64	114,85	10,1
1970	101,24	33,18	134,42	10,7
1971	119,24	43,59	163,12	11,4
1972	132,50	48,57	181,07	11,5
1973	149,19	60,28	209,47	11,9
1974	170,05	69,68	239,73	12,4
1975	198,97	84,11	283,08	12,9
1976	229,41	94,58	323,99	13,8
1977	227,84	101,23	329,07	13,4
1978	234,72	113,04	347,76	13,2
1979	255,30	114,19	369,49	13,1
1980	275,53	130,13	405,66	13,6
1981	292,81	130,08	422,89	13,2
	Durchschnittl. jährl. Wachstumsrate in %			
1965/70	7,4	7,5	7,4	-
1970/75	14,5	20,4	16,1	-
1975/80	6,7	9,1	7,5	-
1981	6,3	- 0,0	4,2	-

Quelle: Statistisches Bundesamt, Fachserie 15, Reihe 1; E. Hemmer, Freizeitaufwand im Konjunkturverlauf, in: iw-trends, Nr. 1/82; Berechnungen des Ifo-Instituts.

Tabelle 41

Aufwendungen für Freizeitgüter von 4-Personen-Haushalten von Beamten und Angestellten bei höherem Einkommen (Haushaltstyp 3)

Jahr/ Zeitraum	Aufwendungen je Haushalt und Monat für			
	Freizeitgüter (ohne Urlaub)	Urlaub	Freizeitgüter insgesamt	
	in DM			in % des ausgabefähig. Einkommens
1965	162,21	71,30	233,51	11,9
1966	173,40	79,31	252,71	12,2
1967	173,30	70,48	243,78	12,0
1968	171,45	69,85	241,30	11,9
1969	179,44	81,41	260,85	12,2
1970	200,87	100,65	301,52	12,7
1971	230,17	109,89	340,06	12,9
1972	245,55	119,32	364,87	13,0
1973	270,89	138,33	409,22	13,3
1974	309,01	154,03	463,04	13,7
1975	339,42	163,19	502,61	13,2
1976	374,40	188,40	562,80	14,0
1977	390,75	207,05	597,80	14,2
1978	419,88	205,86	625,74	14,3
1979	446,36	236,40	682,76	14,5
1980	476,36	260,97	737,33	14,8
1981	489,03	267,67	756,70	13,9
	Durchschnittl. jährl. Wachstumsrate in %			
1965/70	4,4	7,1	5,2	-
1970/75	11,1	10,1	10,8	-
1975/80	7,0	9,8	8,0	-
1981	2,7	2,6	2,6	-

Quelle: Statistisches Bundesamt, Fachserie 15, Reihe 1; E. Hemmer, Freizeitaufwand im Konjunkturverlauf, in: iw-trends, Nr. 1/82; Berechnungen des Ifo-Instituts.

Tabelle 42 Struktur der Aufwendungen für Freizeitgüter

%-Anteile

Art der Aufwendung	Haushalte von Renten- und Sozialhilfe-empfängern (Haushaltstyp 1) 1971	1981	Arbeitnehmerhaushalte mit mittlerem Einkommen (Haushaltstyp 2) 1971	1981	Haushalte von Beamten und Angestellten mit höherem Einkommen (Haushaltstyp 3) 1971	1981
Bücher, Broschüren, Zeitungen, Zeitschriften	29,2	19,7	17,0	9,0	18,5	9,2
Rundfunk, Fernsehen u.ä. einschl. Gebühren	24,1	18,2	14,6	10,6	11,1	8,2
Kraftfahrzeug[a)]	3,8	10,3	13,7	15,0	13,7	13,0
Sport und Camping	2,3	1,4	10,0	8,2	8,8	7,8
Gartenpflege und Tierhaltung	16,2	12,9	7,5	7,4	6,4	6,8
Spiele und Spielzeug	1,9	1,0	5,5	4,7	3,6	3,1
Besuch von Bildungs- und Unterhaltungsstätten[b)]	1,1	1,4	2,5	2,5	2,8	2,7
Fotografieren, Filmen[c)]	0,6	0,8	1,9	1,8	2,1	2,1
Handwerkszeug, -maschinen, sonst. hochwertige Gebrauchsgüter, soweit nicht anders erfaßt	} 0,6	2,5	} 0,6	4,3	} 0,6	5,4
Sonstiger Freizeitbedarf		3,4		5,7		6,3
Freizeitgüter (ohne Urlaub)	79,9	71,8	73,3	69,2	67,7	64,6
Urlaub	20,1	28,2	26,7	30,8	32,3	35,4
Freizeitgüter (einschl.Urlaub)	100	100	100	100	100	100

a) 30 % der laufenden monatlichen Aufwendungen für das Kraftfahrzeug außerhalb des Urlaubs (ohne Anschaffungskosten und Abschreibungen, aber einschl. Kraftfahrzeugsteuer und Kraftfahrtversicherung. - b) Ohne Besuch von Sportveranstaltungen. - c) Ohne Kosten für Entwickeln und Kopieren, die im sonstigen Freizeitbedarf enthalten sind.

Quelle: Statistisches Bundesamt, Fachserie 15, Reihe I; E. Hemmer, Freizeitaufwand im Konjunkturverlauf, in: i-trends, Be, 1/82, S. 34 ff.; Berechnungen des Ifo-Instituts.

Tabelle 43

Anteile der Aufwendungen für Sport und Camping sowie für Spiele und Spielzeug am ausgabefähigen Einkommen in %

Ausgaben für ...	Haushaltstyp 1		Haushaltstyp 2		Haushaltstyp 3	
	1971	1981	1971	1981	1971	1981
Sport und Camping	0,14	0,11	1,13	1,09	1,14	1,08
Spiele und Spielzeug	0,11	0,08	0,63	0,62	0,46	0,43

Quelle: Statistisches Bundesamt, Fachserie 15, Reihe 1; Berechnungen des Ifo-Instituts.

Tabelle 44

Elastizität der Nachfrage nach Musikinstrumenten, Spielwaren, Füllhaltern usw. in bezug auf das Bruttoinlandsprodukt

Jahr	Veränderung gegenüber Vorjahr in %		Elastizitätskoeffizient der Nachfrage nach Musikinstrum., Spielw., Füllhalt. usw.
	Nachfrage nach Musikinstr., Spielwaren, Füllhaltern usw.	Bruttoinlandsprodukt	
1971	11,5	11,1	1,04
1972	12,5	9,8	1,30
1973	5,7	11,4	0,50
1974	4,1	7,3	0,56
1975	8,1	4,3	1,88
1976	9,0	9,1	0,99
1977	9,9	6,8	1,46
1978	10,4	7,4	1,41
1979	8,2	8,4	0,98
1980	7,1	6,4	1,11
1981	-1,7	4,2	-0,40

Quelle: Statistisches Bundesamt, Fachserie D (Industrie und Handwerk), Reihe 3 (Industrielle Produktion), Fachserie 4 (Proudzierendes Gewerbe) Reihe 3.1 (Produktion im Produzierenden Gewerbe nach Waren und Warengruppen), Fachserie G (Außenhandel), Reihe 2 (Spezialhandel nach Waren und Ländern), Fachserie 7 (Außenhandel), Reihe 2 (Außenhandel nach Waren und Ländern (Spezialhandel); Lange Reihen zur Wirtschaftsentwicklung 1982; Berechnungen des Ifo-Instituts.

Tabelle 45

Anteil der Vorleistungen am Produktionswert
in %

Jahr	Herstellung von Musikinstrumenten, Spielwaren, Füllhaltern usw.	Verarbeitendes Gewerbe
1965	49,2	59,3
1966	49,2	58,9
1967	49,2	58,3
1968	50,1	59,5
1969	50,5	60,0
1970	49,5	60,2
1971	49,6	59,9
1972	51,1	59,6
1973	51,8	60,0
1974	55,1	61,8
1975	50,9	61,7
1976	50,7	62,2
1977	51,0	61,7
1978	53,1	61,0
1979		62,0

Quelle: Statistisches Bundesamt, Fachserie 18, Reihe 1.

Tabelle 46

Kosten des Faktors Arbeit

Jahr	Bruttolohnsumme je geleisteter Arbeiterstunde in DM		Lohn- und Gehaltssumme in % des Umsatzes		Lohnstückkosten[a)]	
	H.v.Musikinstr., Spielwaren, Füllhaltern usw.	Verarbeitendes Gewerbe	H.v.Musikinstr., Spielwaren, Füllhaltern usw.	Verarbeitendes Gewerbe	H.v.Musikinstr., Spielwaren, Füllhaltern usw.	Verarbeitendes Gewerbe
1965	3,65	4,44	24,5	20,9	0,30	0,33
1966	4,02	4,81	25,5	21,6	0,32	0,35
1967	4,19	5,02	25,8	21,3	0,33	0,35
1968	4,40	5,33	26,1	21,8	0,34	0,35
1969	4,80	5,88	25,8	21,9	0,35	0,36
1970	5,73	6,84	27,5	21,3	0,35	0,37
1971	6,45	7,69	28,1	22,0	0,38	0,40
1972	7,09	8,46	28,1	22,3	0,40	0,41
1973	8,02	9,55	28,5	22,4	0,44	0,44
1974	9,07	10,95	28,9	21,9	0,52	0,49
1975	10,06	11,97	28,7	22,4	0,55	0,52
1976	10,11	12,65	27,2	21,2	0,52	0,51
1977	11,00	13,79	26,0	21,8	0,53	0,53
1978	11,71	14,73	26,3	22,1	0,56	0,55
1979	12,63	15,74	26,7	21,4	0,61	0,56
1980	13,63	17,04	26,5	21,3	0,72	0,60
1981	14,51	18,12	26,6	20,9	0,76	0,63

a) Lohn- und Gehaltssumme zu effektivem Nettoproduktionsvolumen (effektives Nettoproduktionsvolumen gleich 1).

Quelle: Statistisches Bundesamt, Fachserie 4, Reihe 2.1 und 4.1.1; R. Krengel u.a., Produktionsvolumen und -potential, Produktionsfaktoren des Bergbaus und des Verarbeitenden Gewerbes in der Bundesrepublik Deutschland.

Tabelle 47

Anteil der Abschreibungen, der Produktionssteuern und der Nettowertschöpfung an der Bruttowertschöpfung[a)]

%

Bereich	1970	1971	1972	1973	1974	1975	1976	1977	1978
Herstellung von Musikinstrumenten, Spielwaren, Füllhaltern usw.									
Abschreibungen	4,5	4,7	4,9	5,1	5,9	5,8	5,3	4,9	5,0
Produktionssteuern abzügl. Subventionen	9,5	9,9	10,7	10,5	9,7	9,6	9,3	9,4	10,3
Nettowertschöpfung[b)]	86,1	85,4	84,4	84,4	84,4	84,6	85,4	85,7	84,7
davon:									
Einkommen aus unselbständiger Arbeit	58,2	57,7	58,7	59,9	64,1	58,8	57,0	56,3	58,8
Einkommen aus Unternehmertätigkeit und Vermögen	27,9	27,7	25,8	24,5	20,3	25,8	28,5	29,4	25,9
Verarbeitendes Gewerbe									
Abschreibungen	8,4	9,0	9,3	9,1	9,4	10,3	10,0	9,7	9,6
Produktionssteuern abzügl. Subventionen	15,5	15,7	16,5	16,3	15,0	14,8	14,7	14,6	15,2
Nettowertschöpfung[b)]	76,1	75,3	74,3	74,6	75,6	74,9	75,4	75,7	75,2
davon:									
Einkommen aus unselbständiger Arbeit	55,6	56,6	57,6	58,7	59,6	60,5	59,8	59,8	59,5
Einkommen aus Unternehmertätigkeit und Vermögen	20,5	18,6	16,7	15,9	16,0	14,4	15,6	15,9	15,7

a) Produktionswert abzüglich Vorleistungen. - b) Bruttowertschöpfung abzüglich Abschreibungen und Produktionssteuern (abzüglich Subventionen).

Quelle: Statistisches Bundesamt, Fachserie 18, Reihe 1; Berechnungen des Ifo-Instituts.

Tabelle 48

Index der Erzeugerpreise

1976 = 100

Jahr	Musikinstrumente, Spielwaren, Sportgeräte, Schmuck, Füllhalter u.ä.		Erzeugnisse des Verarbeitenden Gewerbes	
	Inlandsabsatz	Inlands- und Auslandsabsatz[a)]	Inlandsabsatz	Inlands- und Auslandsabsatz[a)]
1965	58,2	.	67,9	.
1966	59,8	.	69,1	.
1967	60,8	.	68,4	.
1968	61,2	60,6	67,8	67,4
1969	62,1	61,9	69,2	69,1
1970	65,0	65,1	72,7	72,3
1971	69,4	69,1	75,7	75,1
1972	73,1	72,3	77,4	76,8
1973	79,4	78,4	82,7	82,0
1974	92,8	91,9	93,8	93,5
1975	99,5	98,2	96,8	96,5
1976	100,0	100,0	100,0	100,0
1977	103,5	103,8	102,8	102,6
1978	108,2	109,3	103,6	103,6
1979	117,5	117,7	108,9	108,8
1980	146,4	143,9	116,6	116,3
1981	152,9	149,9	123,9	123,2

a) Von 1968 bis 1975 ohne Füllhalter.

Quelle: Statistisches Bundesamt, Fachserie 17, Reihe 2.

Tabelle 49

Vorleistungen zur Herstellung von Musikinstrumenten, Sportgeräten, Spiel- und Schmuckwaren für fachliche Unternehmensteile

Lieferbereich der Vorleistungen	Mill. DM						%					
	aus inländischer Produktion und Einfuhr			aus Einfuhr			aus inländischer Produktion und Einfuhr			Anteile der Einfuhr an gesamten Vorleistungen		
	1970	1974	1975	1970	1974	1975	1970	1974	1975	1970	1974	1975
Gew.v.Erzeugnissen der Fischerei und Fischzucht	43	55	48	-	-	2	2,7	2,2	2,2	-	-	4,2
Herstellg.v.chem.Erzeugnissen	80	131	90	22	50	46	5,0	5,2	4,2	27,5	38,2	51,1
Gew.v.Baumaterial u.feuerf. Erden, H.v.Grobkeramik	52	87	91	48	59	68	3,2	3,5	4,2	92,3	67,8	74,7
Herstellg.v.Glas, Glaswaren	43	60	47	41	24	20	2,7	2,4	2,2	95,3	40,0	42,6
Herstellg.v.Eisen, Stahl usw.	71	116	49	14	23	17	4,4	4,6	2,3	19,7	19,8	34,7
H.v.NE-Metallen und NE-Metallhalbzeug	418	724	484	418	712	484	25,9	29,0	22,5	100,0	98,3	100,0
H.v.Musikinstrumenten, Sportgeräten usw.	335	474	631	305	264	447	20,7	19,0	29,3	91,0	55,7	70,8
H.v.Schnittholz, Holzhalbfabrikaten, Holzwaren	39	58	44	17	20	19	2,4	2,3	2,0	43,6	34,5	43,2
Leistg.d.Großhandels u.d. Einfuhr- u.Vorratsstellen	55	74	81	-	-	-	3,4	3,0	3,8	-	-	-
Leistungen d.Einzelhandels	47	60	72	-	-	-	2,9	2,4	3,3	-	-	-
Sonst. Verkehrsleistungen	55	81	72	3	5	8	3,4	3,2	3,3	5,5	6,2	11,1
Sonstige Bereiche insgesamt	378	576	441	83	169	121	23,4	23,1	20,5	22,0	29,3	27,4
Insgesamt	1 616	2 496	2 150	951	1 326	1 232	100	100	100	58,8	53,1	57,3

Quelle: Statistisches Bundesamt, Fachserie 18, Reihe 2; Berechnungen des Ifo-Instituts.

Tabelle 50

Produktion von Musikinstrumenten, Sportgeräten, Spiel- und Schmuckwaren nach Wirtschaftsbereichen

für fachliche Unternehmensteile

Wirtschaftsbereich	Mill. DM		%	
	1974	1975	1974	1975
Herstellung von Kunststoffwaren	80	75	1,8	1,7
Schiffbau, Luft- und Raumfahrzeugbau	113	127	2,5	2,8
Elektrotechnik, Rep.v.Haushaltsgeräten	96	95	2,1	2,1
Herstellung von EBM-Waren	61	60	1,4	1,3
Herstellung von Musikinstrumenten, Spielwaren, Füllhaltern usw. (SYPRO Nr.39)	3 734	3 689	82,7	81,6
Einzelhandel	332	372	7,4	8,2
Alle Wirtschaftsbereiche	4 515	4 519	100	100

Quelle: Statistisches Bundesamt, Fachserie 18, Reihe 2;
Berechnungen des Ifo-Instituts.

Tabelle 51

Absatz der inländischen Produktion von Musikinstrumenten, Sportgeräten, Spiel- und Schmuckwaren nach Verwendungsbereichen

für fachliche Unternehmensteile

Verwendungsbereich	Mill. DM			%		
	1970	1974	1975	1970	1974	1975
Input von Produktionsbereichen	616	912	929	18,4	20,2	20,6
darunter:						
Herstellung v. Musikinstrumenten, Sportgeräten, Spiel- und Schmuckwaren	30	210	184	0,9	4,7	4,1
Leistungen des Großhandels und der Einfuhr- und Vorratsstellen	71	57	43	2,1	1,3	1,0
Leistungen des Einzelhandels	99	119	129	2,9	2,6	2,9
Sonstige Verkehrsleistungen	95	122	107	2,8	2,7	2,4
Übrige marktbest. Dienstleistungen, Reparatur von Gebrauchsgütern	40	52	54	1,2	1,2	1,2
Leistungen d.Gebietskörperschaften und der Sozialversicherer	132	180	198	3,9	4,0	4,4
Letzte Verwendung	2 740	3 603	3 590	81,6	79,8	79,4
Privater Verbrauch	1 853	2 325	2 165	55,2	51,5	47,9
Ausrüstungen	78	155	166	2,3	3,4	3,7
Vorratsveränderung	45	- 58	7	1,3	- 1,3	0,2
Ausfuhr	764	1 181	1 252	22,8	26,2	27,7
Insgesamt	3 356	4 515	4 519	100	100	100

Quelle: Statistisches Bundesamt; Fachserie 18, Reihe 2; Berechnungen des Ifo-Instituts.

Tabelle 52

Ein- und Ausfuhr von Musikinstrumenten, Spielwaren, Sportgeräten, Schmuck, belichteten Filmen, Füllhaltern u.ä.[a]

Mill. DM

Jahr	Einfuhr	Ausfuhr	Saldo[b]
1965	589	723	+ 134
1966	675	829	+ 154
1967	562	916	+ 354
1968	725	903	+ 178
1969	902	988	+ 86
1970	1 111	1 200	+ 89
1971	1 340	1 242	- 98
1972	1 499	1 317	- 182
1973	1 788	1 617	- 171
1974	2 284	1 884	- 400
1975	2 758	1 896	- 862
1976	2 825	2 296	- 529
1977	3 162	2 531	- 631
1978	3 719	2 708	- 1 011
1979	5 037	2 962	- 2 075
1980	5 867	4 243	- 1 624
1981	4 115	3 987	- 128

a) Von 1965 bis 1976 ohne belichtete Filme und Füllhalter.
b) Ausfuhrüberschuß (+) bzw. Einfuhrüberschuß (-).

Quelle: Statistisches Bundesamt, Fachserie 7, Reihe S. 1 und 1; Berechnungen des Ifo-Instituts.

Tabelle 53

Index der internationalen Wettbewerbsfähigkeit (RCA-Wert) der Herstellung von Musikinstrumenten, Spielwaren, Füllhaltern usw.

Jahr	1970	1971	1972	1973	1974	1975
RCA-Wert	-12,61	-19,33	-21,01	-22,13	-29,13	-34,15
Jahr	1976	1977	1978	1979	1980	1981
RCA-Wert	-25,62	-26,45	-29,41	-36,21	-26,96	-16,95

Quelle: Statistisches Bundesamt, Fachserie 7, Reihe S.1 und 1; Berechnungen des Ifo-Instituts.

Tabelle 54

Regionale Struktur der Ausfuhr von Musikinstrumenten, Spielwaren, Sportgeräten, Schmuck, belichteten Filmen, Füllhaltern usw. nach Verbrauchsländern

%-Anteile der Ausfuhrwerte

Verbrauchsländer	1965	1970	1975[a)]	1975[b)]	1980	1981
Industrialisierte westliche Länder	91,3	92,8	93,1	.	91,3	90,4
davon: EG-Länder[c)]	29,0	30,0	42,4	39,9	41,1	47,2
Andere europäische Länder	40,6	39,0	33,9	.	39,4	31,0
Vereinigte Staaten, Kanada	18,5	19,9	10,7	.	7,5	8,3
Übrige Länder	3,2	3,9	6,0	.	3,2	4,0
Entwicklungsländer	8,4	6,7	6,3	.	7,9	8,7
Staatshandelsländer	0,3	0,5	0,6	.	0,8	0,9
darunter: Europa	0,3	0,5	0,6	.	0,8	0,9
Insgesamt %	100	100	100	100	100	100
Mill. DM	723	982	1 490	1 896	4 243	3 987

a) Bis 1975 IB-Systematik Nr. 39. - b) Ab 1975 SYPRO Nr. 39.- c) 1965 und 1970: EG (6), 1975 und 1980: EG (9), 1981: EG (10).

Quelle: Statistisches Bundesamt, Fachserie 7, Reihe 7 und Reihe S; Berechnungen des Ifo-Instituts.

Tabelle 55

Ausfuhr von Musikinstrumenten, Spielwaren, Sportgeräten, Schmuck, belichteten Filmen, Füllhaltern usw.[a)]

Jahr	Ausfuhr					Anteil der Ausfuhr am Umsatz in %
	Mill. DM	1976 = 100		Anteil in %[c)]		
	tatsächl. Werte	tatsächl. Werte	Volumen[b)]	tatsächl. Werte	Volumen	
1966	829	.	.	1,03	0,89	39,8
1967	916	.	.	1,05	0,88	45,3
1968	903	.	.	0,91	0,81	42,1
1969	988	.	.	0,87	0,74	40,0
1970	1 200	52,3	85,8	0,96	1,07	40,2
1971	1 242	54,1	91,1	0,91	1,09	40,2
1972	1 317	57,4	93,1	0,88	1,04	39,2
1973	1 617	70,4	99,7	0,91	0,98	42,8
1974	1 884	82,0	92,9	0,82	0,82	45,6
1975	1 896	82,6	85,7	0,86	0,85	43,9
1976	2 296	100,0	100,0	0,89	0,89	49,9
1977	2 531	110,2	106,7	0,92	0,91	44,8
1978	2 708	117,9	108,4	0,95	0,88	44,3
1979	2 962	129,0	110,7	0,94	0,84	45,8
1980	4 243	184,8	116,4	1,21	0,85	63,8
1981	3 987	173,6	111,5	1,00	0,76	59,1

a) Von 1965 bis 1969 ohne belichtete Filme und Füllhalter. - b) Bewertung der Mengen mit Durchschnittswerten des Jahres 1976. - c) Anteil an der Ausfuhr sämtlicher Erzeugnisse der Bundesrepublik.

Quelle: Statistisches Bundesamt, Fachserie 7, Reihe 1; Berechnungen des Ifo-Instituts.

Tabelle 56

Index der Ausfuhr- und Einfuhrpreise für Musikinstrumente, Spielwaren, Füllhalter usw.

1976 = 100

Jahr	Index der Ausfuhrpreise	Index der Einfuhrpreise
1968	60,1	66,5
1969	62,8	67,9
1970	66,4	64,0
1971	69,7	64,9
1972	71,9	69,5
1973	77,5	80,6
1974	91,6	102,2
1975	96,9	103,9
1976	100	100
1977	104,5	105,0
1978	112,2	116,1
1979	118,2	131,3
1980	137,4	173,7
1981	142,1	175,9

Quelle: Statistisches Bundesamt, Fachserie 17, Reihe 8.

Tabelle 57

Einfuhr von Musikinstrumenten, Spielwaren, Sportgeräten, Schmuck, belichteten Filmen, Füllhaltern usw.[a]

Jahr	Einfuhr					Anteil der Einfuhr an der Inlandsverfügbarkeit[d] in %
	Mill. DM	1976 = 100		Anteil in %[c]		
	tatsächl. Werte	tatsächl. Werte	Volumen[b]	tatsächl. Werte	Volumen	
1966	675	.	.	0,93	0,96	35,0
1967	562	.	.	0,80	0,84	33,7
1968	725	.	.	0,89	0,84	36,9
1969	902	.	.	0,92	0,89	37,8
1970	1 111	39,3	52,1	1,01	0,90	39,1
1971	1 340	47,4	64,1	1,12	1,02	42,5
1972	1 499	53,0	67,6	1,16	1,01	42,8
1973	1 788	63,3	74,2	1,23	1,05	43,7
1974	2 284	80,9	74,4	1,27	1,09	43,2
1975	2 758	97,6	92,9	1,50	1,35	45,0
1976	2 825	100,0	100,0	1,27	1,27	55,1
1977	3 162	111,9	105,2	1,34	1,29	50,4
1978	3 719	131,7	111,4	1,53	1,27	52,2
1979	5 037	178,3	121,7	1,72	1,27	58,9
1980	5 867	207,7	112,9	1,72	1,15	70,9
1981	4 115	145,7	84,2	1,11	0,89	59,8

a) Von 1965 bis 1969 ohne belichtete Filme und Füllhalter. - b) Bewertung der Mengen mit Durchschnittswerten des Jahres 1976. - c) Anteil an der Einfuhr sämtlicher Eerzeugnisse der Bundesrepublik. - d) Inlandsverfügbarkeit = Umsatz abzüglich Ausfuhr zuzüglich Einfuhr.

Quelle: Statistisches Bundesamt, Fachserie 7, Reihe S.1 und 1; Berechnungen des Ifo-Instituts.

Tabelle 58

Regionale Struktur der Einfuhr von Musikinstrumenten, Spielwaren, Sportgeräten, Schmuck, belichteten Filmen, Füllhaltern usw. nach Herstellungsländern

%-Anteile der Einfuhrwerte

Herstellungsländer	1965	1970	1975[a]	1975[b]	1980	1981
Industrialisierte westliche Länder	87,6	84,7	76,3	.	81,0	77,2
davon:						
EG-Länder[c]	47,4	50,8	52,1	40,4	27,1	33,8
Andere europäische Länder	20,7	19,0	11,2	.	9,4	12,4
Vereinigte Staaten, Kanada	2,9	2,3	3,9	.	29,3	7,7
Übrige Länder	16,6	12,7	9,2	.	15,1	23,2
Entwicklungsländer	11,6	13,7	15,9		15,1	19,1
Staatshandelsländer	0,8	1,6	4,1		3,9	3,8
darunter:						
Europa	0,5	1,4	3,7	.	3,5	3,3
Insgesamt %	100	100	100	100	100	100
Mill. DM	589	943	1 559	2 758	5 867	4 116

a) Bis 1975 IB-Systematik Nr. 39. - b) Ab 1975 SYPRO Nr. 39. - c) 1965 und 1970: EG (6), 1975 und 1980: EG (9), 1981: EG (10).

Quelle: Statistisches Bundesamt, Fachserie 7, Reihe 7 und Reihe S; Berechnungen des Ifo-Instituts.

Tabelle 59

Warenverkehr mit der DDR und Berlin (Ost) mit Musikinstrumenten, Spielwaren, Sportgeräten ect. insgesamt

Mill. DM

Jahr	Lieferungen	Bezüge	Saldo[a)]
1965	1,4	23,5	-22,1
1966	18,5	22,9	- 4,4
1967	7,5	17,5	-10,0
1968	5,1	23,7	-18,7
1969	16,4	29,8	-13,4
1970	5,5	31,5	-26,0
1971	2,1	36,3	-34,2
1972	5,0	40,4	-35,4
1973	5,7	37,8	-32,1
1974	3,4	39,2	-35,8
1975	4,7	43,4	-38,7
1976	7,3	50,4	-43,1
1977	9,6	48,9	-39,3
1978	16,1	48,6	-32,5
1979	12,2	50,4	-38,2
1980	16,3	55,4	-39,1
1981	17,1	61,1	-44,0

a) Überschuß der Bezüge (-).

Quelle: Statistisches Bundesamt, Fachserie 6 (Handel, Gastgewerbe, Reiseverkehr), Reihe 6 (Warenverkehr mit der Deutschen Demokratischen Republik und Berlin (Ost); Berechnungen des Ifo-Instituts.

Tabelle 60

Warenverkehr mit der DDR und Berlin (Ost) mit

Musikinstrumenten, Spielwaren, Sportgeräten ect. nach Warenzweigen

1000 DM

Warenzweig	Lieferungen bzw. Bezüge	1965	1970	1975	1976	1977	1978	1979	1980	1981
Großmusikinstrumente	Lieferungen	24	191	345	937	394	527	485	812	966
	Bezüge	2 777	3 355	5 186	6 236	6 864	8 581	7 466	8 127	8 702
	Saldo[a)]	-2 753	-3 164	-4 841	-5 299	-6 470	-8 054	-6 981	-7 315	-7 736
Musikwerke etc. u.a. Kleinmusikinstrumente	Lieferungen	659	1 184	311	263	310	288	87	112	355
	Bezüge	2 687	4 174	6 332	6 665	8 249	8 372	9 117	10 075	9 735
	Saldo[a)]	-2 028	-2 990	-6 021	-6 402	-7 939	-8 084	-9 030	-9 963	-9 380
Spielwaren und Christbaumschmuck	Lieferungen	35	47	255	575	761	1 068	928	1 364	1 810
	Bezüge	11 574	16 243	24 900	28 750	23 786	20 542	21 942	23 927	27 781
	Saldo[a)]	-11 539	-16 196	-24 645	-28 175	-23 025	-19 474	-21 014	-22 563	-25 971
Turn- und Sportgeräte	Lieferungen	54	385	690	889	748	481	466	1 115	1 051
	Bezüge	5 530	7 367	6 260	7 765	8 228	8 604	9 263	9 118	11 361
	Saldo[a)]	-5 476	-6 982	-5 570	-6 876	-7 480	-8 123	-8 797	-8 003	-10 310
Schmuck etc.	Lieferungen	24	540	1 575	2 710	5 738	12 201	9 177	11 364	11 350
	Bezüge	.	268	432	848	1 463	2 126	2 064	3 452	2 628
	Saldo[a)]	.	+272	+1 143	+1 862	+4 275	+10 075	+7 113	+7 912	+8 722
Edelsteine und Diamanten, bearbeitet	Lieferungen	514	412	797	908	308	296	243	1 093	1 096
	Bezüge	19	33	.	.	56	110	11	.	6
	Saldo[a)]	+495	+379	.	.	+252	+186	+232	.	1 090
Erzeugnisse der Foto- und Filmlabors	Lieferungen	.	.	589	853	971	1 182	554	275	494
	Bezüge	.	.	275	158	280	294	480	669	859
	Saldo[a)]	.	.	+314	+695	+691	+888	+74	-394	-365

a) Überschuß der Lieferungen (+) bzw. Überschuß der Bezüge (-).

Quelle: Statistisches Bundesamt, Fachserie 6 (Handel, Gastgewerbe, Reiseverkehr), Reihe 6 (Warenverkehr mit der Deutschen Demokratischen Republik und Berlin (Ost); Berechnungen des Ifo-Instituts.

Tabelle 61

Bedeutung der untersuchten Zweige der Herstellung von Musikinstrumenten, Spielwaren, Füllhaltern usw. im Jahr 1981[a)]

Bereich	Anteile in %	
	an den Beschäftigten	am Umsatz
H.v. Musikinstrumenten	14,4	11,9
H.v. Spielwaren, Christbaumschmuck	27,0	26,7
H.v. Turn- und Sportgeräten	7,6	9,5
H.v. Schmuckwaren, Münzen u. Medaillen	23,1	28,7
Bearbeitung von Edelsteinen, Perlen, Perlmutter, Hartglas	1,5	1,7
H.v. Füllhaltern u.ä., Stempeln; Verarbeitung v. Schnitz- u. Formstoffen	9,4	8,7
Foto- und Filmlabors	17,0	12,8

a) Für Unternehmen.

Quelle: Statistisches Bundesamt, Fachserie 4, Reihe 4.2.1 und 4.1; Berechnungen des Ifo-Instituts.

Tabelle 62

Preisindizes für Musikinstrumente

1976 = 100

Jahr	Index der Erzeugerpreise (Inlandsabsatz)								Index der Ausfuhrpreise	Index der Einfuhrpreise	Index der Einzelhandelspreise c)
	Großmusikinstrum.	Musikwerke usw. a)	Streich- u.Zupfinstrum.	Schlaginstrumente	Blasinstrumente	Saiten aller Art	Elektromagn.usw. Musikinstr. b)	Insgesamt			
1968	57,0	53,3	63,7	55,0	55,9	.	.	55,0	56,6	62,7	.
1969	58,7	56,1	64,6	54,6	56,8	.	.	57,3	61,2	65,2	.
1970	62,2	60,6	71,2	61,3	62,5	.	.	61,3	65,8	66,8	.
1971	65,6	66,9	77,2	65,9	69,3	.	.	66,3	69,6	69,8	.
1972	71,3	71,3	82,3	68,0	71,8	.	.	71,3	73,8	74,5	.
1973	78,7	76,8	86,0	77,5	78,0	.	.	77,7	78,5	78,2	.
1974	88,4	86,7	91,5	89,4	85,9	.	.	87,5	87,9	91,1	.
1975	96,7	94,3	95,7	97,3	93,0	.	.	95,4	96,3	97,0	.
1976	100	100	100	100	100	100	100	100	100	100	100
1977	105,8	106,5	108,6	106,9	107,8	114,2	102,3	106,1	106,8	101,6	103,9
1978	114,6	111,5	117,9	107,8	116,9	120,5	104,2	113,0	113,3	107,5	109,1
1979	122,2	117,4	126,8	112,7	124,8	125,1	107,2	119,7	119,8	101,6	113,5
1980	129,8	125,8	132,7	119,1	135,9	135,8	111,0	127,7	129,4	104,4	119,5
1981	140,2	134,5	144,0	126,8	145,7	143,9	118,2	137,3	138,4	111,1	125,7

a) Musikwerke, Saiten-, Blas- und sonstige Kleininstrumente. - b) Elektromagnetische, elektrostatische, elektronische u.ä. Musikinstrumente. - c) Ohne phonotechnische Geräte und Musikspielwaren.

Quelle: Statistisches Bundesamt, Fachserie 17, Reihen 2, 7 und 8.

Tabelle 63

Preisindizes für Spielwaren

1976 = 100

Jahr	Index der Erzeugerpreise (Inlandsabsatz)	Index der Ausfuhrpreise	Index der Einfuhrpreise	Index der Einzelhandelspreise
1968	65,1	.	78,4	.
1969	65,6	.	77,8	.
1970	69,3	69,8	76,5	.
1971	73,8	74,4	78,0	.
1972	77,8	76,3	80,9	.
1973	81,2	81,2	83,2	.
1974	92,9	96,1	95,6	.
1975	98,2	98,5	101,1	.
1976	100	100	100	100
1977	103,4	106,5	103,4	102,3
1978	106,4	111,1	103,8	105,3
1979	108,6	115,3	111,6	108,4
1980	116,3	121,3	120,8	113,3
1981	127,5	132,3	127,7	117,9

Quelle: Statistisches Bundesamt, Fachserie 17, Reihen 2, 7 und 8.

1) Dabei ist zu berücksichtigen, daß erst ein Teil der Elektronic-Spiele von den traditionellen Spielzeugproduzenten hergestellt wird. Ein Indiz dafür ist, daß der Großteil des Elektronik-Spielzeugs über den Radio- und Fernsehfachhandel vertrieben wird.

Tabelle 64

Preisindizes für Turn- und Sportgeräte

1976 = 100

Jahr	Index der Erzeugerpreise (Inlandsabsatz)		Index der Einfuhrpreise	Index der Einzelhandelspreise
	Insgesamt	darunter: Geräte f. Eis- u.Wintersport		
1968	68,9	78,3	.	.
1969	69,4	78,6	.	.
1970	73,3	82,9	85,5	.
1971	76,4	84,5	86,7	.
1972	79,8	86,4	88,1	.
1973	84,3	87,5	95,6	.
1974	94,6	95,0	101,0	.
1975	99,3	99,3	101,7	.
1976	100	100	100	100
1977	102,4	102,1	99,3	101,3
1978	103,2	100,8	100,6	103,3
1979	105,5	99,7	101,0	105,0
1980	109,8	99,4	105,6	107,7
1981	112,4	99,5	107,5	112,0

Quelle: Statistisches Bundesamt, Fachserie 17, Reihen 2, 7 und 8.

Tabelle 65

Preisindizes für Schmuckwaren und -Rohstoffe

1976 = 100

Jahr	Index der Erzeugerpreise (Inlandsabsatz)[a]	Index der Einfuhrpreise				Index der Einzelhandelspreise[b]
		Silber	Gold	Platin und Palladium	Bearbeitete Edelsteine	
1968	55,7	80,3	48,9	231,0	75,6	.
1969	56,7	62,7	49,5	187,8	80,1	.
1970	58,3	58,9	41,3	135,6	78,3	.
1971	62,6	48,9	44,9	104,0	77,4	.
1972	65,7	48,5	58,8	106,4	76,9	.
1973	75,2	61,4	81,5	118,8	82,5	.
1974	91,8	110,5	130,4	155,1	90,4	.
1975	99,9	99,4	124,2	11,2	91,8	.
1976	100	100	100	100	100	100
1977	104,2	97,4	108,7	99,4	112,7	99,6
1978	113,5	98,5	122,2	120,7	142,7	104,7
1979	137,9	182,5	176,7	177,1	157,0	116,6
1980	219,1	343,4	351,8	276,7	206,3	167,6
1981	223,2	215,0	326,9	254,1	226,7	175,1

a) Schmuck-, Gold- und Silberschmiedewaren. - b) Schmuck-, Gold- und Silberschmiedewaren, Edelsteine, Schmucksteine u.ä.

Quelle: Statistisches Bundesamt, Fachserie 17, Reihen 2, 7 und 8.

Tabelle 66

Preisindizes für Edelsteine

Jahr	Index der Grundstoffpreise 1970 = 100		Index der Einfuhrpreise 1976 = 100	
	Rohedelsteine, ausländisch	Edelsteine, Perlen u. Korallen, ausländisch	Edelsteine, roh	Bearbeitete Edelsteine
1968	105,7	107,3	88,8	75,6
1969	107,5	107,5	90,6	80,1
1970	100	100	82,8	78,3
1971	100,7	100,0	82,9	77,4
1972	97,0	96,9	82,5	76,9
1973	100,0	99,8	90,7	82,5
1974	101,3	105,1	95,9	90,4
1975	101,5	104,7	99,7	91,8
1976	104,2	112,7	100	100
1977	105,3	116,9	102,6	112,7
1978	118,5	125,1	126,0	142,2
1979	133,2	137,5	150,8	157,0
1980	143,4	153,0	166,0	206,3
1981	153,7	181,5	173,0	226,7

Quelle: Statistisches Bundesamt, Fachserie 17, Reihen 3 und 8.

Tabelle 67

Preisindizes für Füllhalter und Kugelschreiber

1976 = 100

Jahr	Index der Erzeugerpreise (Inlandsabsatz)			Index der Ausfuhrpreise
	Füllhalter, Kugelschreiber u.ä.	darunter:		Füllhalter, Kugelschreiber und -minen
		Füllhalter	Kugelschreiber	
1968	74,3	61,9	79,0	75,6
1969	74,9	63,3	78,4	77,2
1970	80,6	69,5	83,1	76,6
1971	83,8	75,3	84,7	80,1
1972	85,1	80,0	85,1	80,7
1983	86,5	83,7	85,8	85,8
1974	96,5	96,8	96,4	93,6
1975	99,2	100,3	99,3	98,2
1976	100	100	100	100
1977	102,1	100,7	102,6	102,1
1978	104,0	105,0	103,6	105,1
1979	107,3	111,1	105,8	105,6
1980	114,0	118,5	114,5	109,8
1981	117,8	129,1	113,6	116,2

Quelle: Statistisches Bundesamt, Fachserie 17, Reihen 2 und 8.

Literaturverzeichnis

ADAC: Freizeit 2000, München 1980

Axel Springer Verlag AG: Faktor Freizeit, Studie zum persönlichen Befinden in der Freizeit, Hamburg 1980

BAT-Freizeit-Forschungsinstitut: Wenig Sparneigung bei Freizeitbedürfnissen, in: Freizeitbrief Nr. 13/81, Hamburg, Oktober 1981

Batzer, E./E. *Greipl*/U. *Täger:* Kooperation im Einzelhandel, Berlin-München 1982

Baumgart, E. R.: Zur Entwicklung der Altersstruktur des Anlagevermögens in der Industrie der Bundesrepublik Deutschland, Berlin 1979

Breithaupt, K. u.a.: Analyse der strukturellen Entwicklung der deutschen Wirtschaft, Kiel 179

Fels, G./K.-D. *Schmidt:* Die deutsche Wirtschaft im Strukturwandel, Tübingen 1980

Gebhardt, A. u.a.: Auswirkungen von Energiepreiserhöhungen auf die Wettbewerbsfähigkeit energieintensiver Produktionen der deutschen Industrie, ifo-Studien zur Industriewirtschaft, Nr. 25, München 1983.

Gürtler, J./H. *Schmalholz:* Innovationsaktivitäten im Verarbeitenden Gewerbe, in: Ifo-Schnelldienst, Nr. 20, 14.7.1982

Gröhn, E.: Spektralanalytische Untersuchungen zum zyklischen Wachstum der Industrieproduktion in der Bundesrepublik Deutschland 1950-1967, Tübingen 1970

Hemmer, E.: Freizeitaufwand im Konjunkturverlauf, in: iw-trends Nr. 1/82

Henninger, C.: Ratlose Spielstrategen, in: Frankfurter Allgemeine Zeitung, Nr. 34, 10.2.1983

Jungnickel, R./U. *Maenner:* Eigenimporte der deutschen Industrie, Gutachten für das Bundeswirtschaftsministerium, 1983

Koch, W.: Auslandsinvestitionspolitik und Außenhandelspolitik im Konflikt, hrsg. vom Forschungsinstitut für Wirtschaftspolitik an der Universität Mainz, o.J.

Kriegsmann, K.-P./A.D. *Neu:* Globale, regionale und sektorale Wettbewerbsfähigkeit der Deutschen Wirtschaft, Frankfurt/Bern 1982

Lanx, D.: Methode und Ergebnisse der Material- und Wareneingangserhebung im Bergbau und im Verarbeitenden Gewerbe 1978, in: Wirtschaft und Statistik, 12/1981

Lintas Deutschland: Freizeitstudie, Pressekonferenz vom 10.12.1980

Neumann, F./B. *Thanner:* Investitionsaktivitäten im Zusammenhang mit der Energieverteuerung, in: Ifo-Schnelldienst, Nr. 17/18, 24.6.1982

Opaschowski, H. W./G. *Raddatz:* Freizeit im Wertewandel, Hrsg. BAT-Freizeit-Forschungsinstitut, Hamburg 1982

Sprenger, R.-U.: Umweltschutz und unternehmerisches Wettbewerbsverhalten, in: Ifo-Schnelldienst Nr. 1/2, 15.1.1981

Statistisches Bundesamt: Systematische Verzeichnisse, Systematik der Wirtschaftszweige mit Erläuterungen, Ausgabe 1979

Verzeichnis der statistischen Quellen

Ifo-Institut für Wirtschaftsforschung: Ifo-Investitionstest

Krengel, R. u.a.: Produktionsvolumen und -potential, Produktionsfaktoren des Bergbaus und des Verarbeitenden Gewerbes in der Bundesrepublik Deutschland, Statistische Kennziffern, hrsg. vom Deutschen Institut für Wirtschaftsforschung, Berlin

OECD: Außenhandelsstatistik

Statistisches Bundesamt, Wiesbaden:

Fachserie D: Industrie und Handwerk

Ergebnisse des Zensus im Produzierenden Gewerbe 1967

Ergebnisse der Handwerkszählung 1968

Reihe 1/I	Beschäftigte und Umsatz, Brennstoff und Energieversorgung der Betriebe Investitionen der Betriebe
Reihe 1/II	Beschäftigte und Umsatz der Unternehmen Investitionen und Vorratshaltung der Unternehmen
Reihe 3	Industrielle Produktion

Fachserie G: Außenhandel

Reihe 2	Spezialhandel (Ein- und Ausfuhr) nach Warennummern

Fachserie 4: Produzierendes Gewerbe

Reihe 2.1	Indizes der Produktion und der Arbeitsproduktivität, Produktion ausgewählter Erzeugnisse im Produzierenden Gewerbe
Reihe 3.1	Produktion im Produzierenden Gewerbe nach Waren und Warengruppen
Reihe 4.1.1	Beschäftigung, Umsatz und Energieversorgung der Unternehmen und Betriebe im Bergbau und im Verarbeitenden Gewerbe
Reihe 4.1.2	Betriebe, Beschäftigte und Umsatz im Bergbau und im Verarbeitenden Gewerbe nach Beschäftigtengrößenklassen
Reihe 4.1.3	Regionale Verteilung der Betriebe im Bergbau und im Verarbeitenden Gewerbe und deren Beschäftigte
Reihe 4.2.1	Beschäftigung, Umsatz und Investitionen der Unternehmen im Bergbau und im Verarbeitenden Gewerbe
Reihe 4.2.2	Beschäftigung, Umsatz und Investitionen der Betriebe im Bergbau und im Verarbeitenden Gewerbe
Reihe 4.3.3	Kostenstruktur der Unternehmen im Verbrauchsgüter produzierenden Gewerbe und im Nahrungs- und Genußmittelgewerbe

Zensus im Produzierenden Gewerbe 1979

Handwerkszählung 1977

Fachserie 6: Handel, Gastgewerbe, Reiseverkehr
Reihe 6 Warenverkehr mit der Deutschen Demokratischen Republik und Berlin (Ost)

Fachserie 7: Außenhandel
Reihe 1 Zusammenfassende Übersichten für den Außenhandel
Reihe 2 Außenhandel nach Waren und Ländern (Spezialhandel)
Reihe 7 Außenhandel nach Ländern und Warengruppen der Industriestatistik (Spezialhandel)
Reihe S. 1 Neuberechnung des Außenhandelsvolumens und der Außenhandelsindizes auf Basis 1976
Reihe S. 2 Außenhandel nach dem Internationalen Verzeichnis für den Außenhandel

Fachserie 15: Wirtschaftsrechnungen
Reihe 1 Einnahmen und Ausgaben ausgewählter privater Haushalte

Fachserie 16: Löhne und Gehälter
Reihe 2.1 Arbeiterverdienste in der Industrie

Fachserie 17: Preise
Reihe 2 Preise und Preisindizes für gewerbliche Produkte (Erzeugerpreise)
Reihe 7 Preise und Preisindizes für die Lebenshaltung
Reihe 8 Preise und Preisindizes für die Ein- und Ausfuhr

Fachserie 18: Volkswirtschaftliche Gesamtrechnungen
Reihe 1 Konten und Standardtabellen
Reihe 2 Input-Output-Tabellen
Reihe S. 3 Ergebnisse der Volkswirtschaftlichen Gesamtrechnungen 1960 bis 1976 nach Wirtschaftsbereichen und Gütergruppen

Fachserie 19: Umweltschutz
Reihe 3 Investitionen für Umweltschutz im Produzierenden Gewerbe

Lange Reihen zur Wirtschaftsentwicklung

Statistisches Jahrbuch, verschiedene Jahrgänge

Stifterverband für die Deutsche Wissenschaft, Essen

FSC
www.fsc.org
MIX
Papier | Fördert gute Waldnutzung
FSC® C083411

Kolibri 360 GmbH
Ferdinand-Jühlke-Straße 7
99095 Erfurt, Deutschland
produktsicherheit@kolibri360.de

Druck:
CPI Druckdienstleistungen GmbH
im Auftrag der
Kolibri 360 GmbH
Ferdinand-Jühlke-Str. 7
99095 Erfurt